我那迷人的老祖宗

邢海鸟 著

北京日报出版社

图书在版编目（CIP）数据

我那迷人的老祖宗 / 邢海鸟著. -- 北京：北京日报出版社, 2025.3. -- ISBN 978-7-5477-5144-2

Ⅰ. K827=33；K233.09

中国国家版本馆CIP数据核字第2025BR3578号

我那迷人的老祖宗

出版发行：	北京日报出版社
地　　址：	北京市东城区东单三条8-16号东方广场东配楼四层
邮　　编：	100005
电　　话：	发行部：（010）65255876
	总编室：（010）65252135
印　　刷：	河北盛世彩捷印刷有限公司
经　　销：	各地新华书店
版　　次：	2025年3月第1版
	2025年3月第1次印刷
开　　本：	880毫米×1230毫米　1/32
印　　张：	8.5
字　　数：	164千字
定　　价：	59.00元

版权所有，侵权必究，未经许可，不得转载

前言

有这样一位伟大的帝王，他以铁血的手段统一了六国，结束了长达数百年的分裂与战乱，开创了中国历史上第一个大一统的封建王朝——秦朝。他，就是被誉为"千古一帝"的秦始皇嬴政。然而，正是这位雄才大略的帝王，却在后世背负了"暴君"的骂名，让人不禁好奇：他究竟是一位怎样的帝王？他的一生，又藏着多少不为人知的故事？

走进《我那迷人的老祖宗》，让我们一起揭开这位历史巨人的神秘面纱。本书不同于传统的历史著作，以风趣幽默的语言，带你穿越时空，与秦始皇来一场跨越千年的心灵对话。在这里，你将不再是一个旁观者，而是会成为这段历史的亲历者，尽情感受那个波澜壮阔的时代，体验秦始皇的喜怒哀乐。

想象一下，你在翻开这本书的那一刻，就已经踏上了通往那个时代的时光隧道。你会看到，年幼的嬴政如何从邯郸走向咸阳，历经波折终于登上王位；你还会知道，嬴政是如何在复杂的宫廷斗争中逐渐成长，如何在权力与亲情的交织中展现出超越常人的智慧与坚定；你还会见证，嬴政是如何凭借卓越的军事才能和深邃的战略眼光，一步步实现一统天下的宏伟目标。

当然，没有什么事是一帆风顺的。秦始皇在统一六国的过程中，也遇到了无数的挑战和困境。每一次战争胜利的背后，都伴随着无数将士的英勇牺牲；每一项政策的成功实施，都少不了激烈的朝堂辩论。但正是这些经历，铸就了秦始皇非凡的领导能力和坚韧不拔的性格。

然而，我们必须弄清这样一个事实，那就是秦始皇的统治并非只有铁血与残暴。在他的统治下，中国首次实现了文字、货币、度量衡的统一；他还主张修建万里长城和秦直道等工程，为后世的发展奠定了坚实的基础。同时，他采用的三公九卿制等中央集权制度，也对后世历朝历代的政治格局产生了深远的影响……

人无完人，秦始皇也有缺点，也犯错误。他推行的严苛律法让百姓苦不堪言；他实施的焚书坑儒虽有争议，但确实对古代文化发展造成了一定的打击和破坏。这些行为，无疑为他的

"暴君"之名添上了浓墨重彩的一笔。

即便如此,我们也不能否认秦始皇在中国历史上的重要地位。他的一生,是传奇的一生,是奋斗的一生,也是充满矛盾与争议的一生。本书将通过生动的故事和独特的见解,带你走进秦始皇的内心世界,感受他的喜怒哀乐,理解他的选择与坚持。

准备好了吗?亲爱的读者,请翻开这本书,走进秦始皇的世界,去感受那个时代的风起云涌吧!相信在阅读的过程中,你一定会对这位"迷人的老祖宗"有更深的理解和感悟。

目录

第一章
秦始皇身世之谜 —— 001

秦始皇的姓氏之谜	002
"华夏祖龙"的真容猜想	005
追溯始皇帝的祖籍源流	008
揭秘秦始皇的童年经历	011
争议不断的始皇生父	014
曲折离奇的"登基之路"	017
小剧场	020

第二章
秦始皇的权力暗战 —— 021

成蟜叛变：宫廷深处的波澜	022
吕不韦犯下的致命错误	025
嫪毐封侯背后的阴谋	028

疑窦丛生的"蕲年宫之变"	031
赵姬最后的归宿	034
让人哭笑不得的"间谍郑国"事件	037
"逐客令"里藏着多少算计	040
韩非之死：谁是幕后黑手	043
小剧场	**046**

第三章
秦王扫六合，虎视何雄哉 —— 047

秦灭六国，顺序暗藏玄机	048
弱肉强食：轻松的灭韩之战	051
自毁长城：赵国名将李牧的悲剧	054
水灌大梁灭魏国	057
李信伐楚的失败和教训	060
老谋深算的名将王翦	063
"叛徒"昌平君的多面人生	066
荆轲刺秦，壮举还是闹剧	069
秦始皇和燕太子丹的恩怨情仇	072
高渐离的复仇之路	075

秦灭齐之战，不战而降的悲剧	078
"秦王扫六合"的深层原因	081
弹丸小国卫国的生存智慧	084
秦始皇为何不对匈奴赶尽杀绝	087
惨烈的百越之战	090
小剧场	**093**

第四章
万世一系，千年帝制开创者 —— 095

专属自称："朕"字大有乾坤	096
"皇帝"称呼不简单	099
龙袍颜色的变迁史	102
"三公九卿制"的权力格局	105
废除分封：始皇的革新与远见	108
秦律	111
秦朝徭役之谜	114
"失期当斩"的真相	117
"书同文"：一次失败的字体普及	120
"车同轨"的奥秘	122

统一度量衡背后的帝国智慧	125
统一货币：经济大融合的基石	128
邮驿之网：信息传递的动脉	131
小剧场	**134**

第五章
旷世工程，千秋霸业始皇图 ——— 135

长城之坚：千年的守护与见证	136
孟姜女哭长城：传说还是事实	139
史上最大"烂尾工程"——阿房宫	142
失踪的十二金人	145
秦直道：最早的"高速公路"	148
秦始皇陵：神秘的地下王国	151
解不开的地宫水银之谜	154
古代第一女实业家：巴寡妇清	156
兵马俑制作大揭秘	159
未解之谜：秦始皇陵为何无法发掘	162
灵渠："水往高处流"的奇迹	165
小剧场	**168**

第六章
秦始皇到此一游 —————————— 169

巡游四方：秦始皇的壮志与情怀　　　　　170

封禅泰山：帝王的荣耀时刻　　　　　　　173

荒唐的"伐树赭山"事件　　　　　　　　176

秦始皇与胡亥：父子情深还是政治选择　　179

博浪沙的惊天一击　　　　　　　　　　　181

诡异的"荧惑守心"现象　　　　　　　　184

"九鼎"最后的去向　　　　　　　　　　187

小剧场　　　　　　　　　　　　　　　190

第七章
焚书坑儒，竹帛烟销帝业虚 —————— 191

始皇有个"神仙梦"　　　　　　　　　　192

"忽悠大师"徐福的招数　　　　　　　　195

卢生的真实身份　　　　　　　　　　　　198

扶苏的人生悲剧　　　　　　　　　　　　200

秦始皇不立皇后的秘密　　　　　　　　　203

太子未立：始皇的决断与遗憾　　　　　　206

焚书坑儒：真相与误解的交织　　　209

秦始皇仁慈的一面　　　213

小剧场　　　216

第八章
祖龙魂死业犹在 ——— 217

祖龙陨落：秦始皇的死亡之谜　　　218

大奸臣赵高的身世　　　221

"矫诏"真伪疑云　　　224

李斯之叛：权臣的无奈与选择　　　227

扶苏自杀：秦王朝走向灭亡的转折点　　　230

始皇子女的悲惨命运　　　233

大秦名相的凄惨结局　　　236

"指鹿为马"背后的政治博弈　　　239

秦二世胡亥的末日　　　242

"末代秦王"子婴的真实身份　　　245

始皇未死：历史的假设与反思　　　249

千古一帝：两千年来的功过评说　　　252

小剧场　　　255

第一章

秦始皇身世之谜

秦始皇的姓氏之谜

话说在遥远的战国时期,有一位传奇的帝王,他以傲人的实力,硬生生地把七雄争霸的战国乱世给"统一"成了咱们熟知的秦王朝。这位传奇人物,便是被后世尊称为"千古一帝"的秦始皇,嬴政是也。不过现在咱们先不聊这位大帝的丰功伟绩,就单纯来聊一聊他的姓氏之谜。

看到这个问题,有的人可能会说:"这算什么问题?秦始皇本名嬴政,那他不就是姓嬴吗?"这个回答不能算错误,但别着急,好戏才刚刚开始。

首先,咱们得明白,古人起名字可是一门学问,尤其在帝王之家,取名就更讲究。"嬴"这个姓就大有来头,它的起源,还得从舜帝的得力助手伯益说起。伯益曾辅佐大禹治水,在调驯鸟兽方面也颇有造诣,还教人凿井取水,又做过主管山林川泽的虞官,是个"多面手"型的能人。舜帝对他很是欣赏,赐他"嬴"这个响当当的姓。

时间如白驹过隙，转眼间夏商周朝代更迭。"嬴"家子弟也是人才辈出，就拿伯益的十四世孙造父来说，他因为驾驶技术超群，当上了周穆王的专职"司机"。传说他曾驾着八骏之乘，载着周穆王去见西王母，还在关键时刻把穆王送回镐京平定叛乱，上演了一出古代版的"速度与激情"。穆王一高兴，大手一挥，把赵城（今山西洪洞）赐给他作封地。从那以后，"嬴"家又多了一个分支——赵氏。

故事还没完，镜头一转，出现在我们面前的是新人物非子（伯益的十六世孙、造父的侄孙）。《史记·秦本纪》中讲到，非子因为养马养得好，被周孝王看中，让他延续"嬴"家的香火，定居在了秦地（今甘肃天水）。就这样，"嬴秦"这个名号诞生了。非子的后代也非常争气，第五世孙嬴开秦襄公因为救驾有功，被周平王正式册封为诸侯，秦国这才算是正儿八经地立了国。

现在，轮到我们的主角——秦始皇闪亮登场了。秦始皇，这位一统六合的霸气帝王，究竟姓啥呢？这个问题如今在历史学界和民间还存在一定的争议，但主流观点认为秦始皇姓嬴。没错，秦始皇的根儿在"嬴"家，但因为他家老祖宗造父的荣耀，让秦国国君都跟着沾光，成了既有"姓"又有"氏"的高级贵族，也就是"嬴姓赵氏"。大家可能会对这个说法有些迷糊，其实在古代，姓和氏是两个不同的概念。姓，就像是家族的大旗，源远流长，代代相传；而氏，更像是分家的标签，从封地、官职，甚至是某次特别牛的功绩得来的，因而是一种身份地位的象征，也是贵族特有的尊号。不过随着时间的推移，姓和氏分得没那么清楚了，有的时候还会混为一谈。

当然还有一种说法，来自《史记索隐》等文献，说秦始皇出生在赵国，为了隐藏身份、保护自己，才有了"赵政"这一称呼，不过这也掩盖不了他姓嬴的事实。

通过这场有趣的姓氏探秘，我们不仅了解了秦始皇的姓氏由来，还顺便复习了一把古代姓氏文化的知识。下次有人问你秦始皇姓什么时，你就可以自信满满地告诉他："秦始皇是嬴姓赵氏，想知道这里面的故事吗？听我给你细细道来！"

"华夏祖龙"的真容猜想

大家有没有想过，被尊称为"千古一帝""华夏祖龙"的秦始皇，他的"颜值"到底是高还是低呢？还别说，这个问题曾引起了无数人讨论的兴趣，就连史学大家、文化名人也忍不住加入了"八卦"的行列。

先来说说秦始皇的身高。宋代的《太平御览》引用《河图》的说法，提到秦始皇的身高有"八尺六寸"。如果按照秦代的度量衡换算，大概相当于现代的1.98米，那是妥妥的"高人一等"。不妨想象一下，在那个男子平均身高1.61米（《吕氏春秋》记载男子成年的标准是身高达到7尺，按秦代标准换算约为1.61米）的时代，秦始皇要是在外巡游，肯定是人群中最耀眼的存在。

那么，秦始皇的体型又是怎样的呢？参考《礼纬》的说法，秦始皇腰围是7围，结合身高来看，秦始皇应该是位体型极为雄健的西北大汉,不是那种弱不禁风的书生样。毕竟,一统六国的伟业可不是文弱书生的肩膀能扛下来的。

再说说秦始皇的长相,那可就更精彩了。司马迁在《史记》中引用了尉缭描述秦始皇的话语:"秦王为人,蜂准,长目,挚鸟膺,豺声……"尉缭曾做过秦始皇的谋臣,对于秦始皇的长相是有发言权的。可就因为他这一句话,竟然让秦始皇的"颜值"成了个具有争议性的问题。

秦始皇的粉丝们是这样理解的:"这些容貌特征组合起来,是不是有点像雕塑的英雄人物?你看那高高的鼻梁,是多么英气逼人;细长的眼睛,透露出的是常人难及的睿智;至于那突出的充满力量感的胸肌,配合着富有压迫性的嗓音,让人不禁深深折服于始皇帝的威严之下!"

然而,有人却提出了完全相反的看法,其中就有名人郭沫若。在他看来,所谓"蜂准"指的是"马鞍鼻",也就是鼻梁比正常高度要低,属于一种畸形状态;"长目"是眼球突出,也是一种病态;"挚鸟膺"则是现代医学上所说的"鸡胸",即胸骨突出;而"豺声"则说明秦始皇有气管炎,讲话时上气不接下气。

按照郭沫若的说法,秦始皇的长相不但称不上帅气,还颇有些丑陋。当然，这些评价完全来自主观推测，粉丝们自然是不会买账的。

还有粉丝指出，虽说《史记》给秦始皇画了个"另类"的肖像，但根据《河图》的描述，秦始皇长得"虎口、日角、大目、隆鼻"，堪称相貌堂堂、威风凛凛。

更逗的是，粉丝们居然深度研究了秦始皇与荆轲的那场"剑术对决"。推测他是"剑指苍穹"的大高个，身高直逼2米，所用佩剑长度都有1.6米，难怪在情急之下会出现拔剑困难的问题……

看过这形形色色的说法后，你是不是对秦始皇的长相更加好奇了？遗憾的是，咱们没有时光机，不能直接穿越到秦朝，亲眼看看秦始皇到底长啥样。但话说回来，不管颜值如何，秦始皇在历史上的功绩都不会减色半分。在后人心中，他那一代雄主的风采是任何人都无法比拟的！

追溯始皇帝的祖籍源流

秦始皇的祖籍是哪里？这个问题看似简单，却难住了不少人。

有人一拍脑门说："不就是河北邯郸嘛？！秦始皇是在那儿出生的呀！"没错，秦始皇的老爹秦庄襄王当年在赵国当过"人质"，秦始皇就是在邯郸出生的。可这出生地和祖籍并不是一回事儿，祖籍反映的是家族、族群的根源和传承。就像你，可能在北京呱呱坠地，但老家是广东的，别人问起来，你就得说"我祖籍广东"，对吧？

所以想弄清秦始皇的祖籍之谜，可不能犯想当然的错误，而是要"追根溯源"，从秦人的"老祖宗"查起，这样真相才会逐渐浮出水面。

还记得之前提到的先祖伯益吗？他被舜帝赐"嬴"姓，而嬴姓的起源地是山东莱芜。伯益的活动区域就和山东莱芜有着密切的联系，考古学家也在那儿发现了多处和嬴姓有关的历史遗存，如嬴汶河、嬴城遗址等。这就像是在说："看，老秦人的根在这儿呢！"很多学者也认为，秦人的祖先最初确实源自山东一带的东夷部族，但在后来的战乱和政治动荡中，被迫向西迁移。所以，当别人说秦始皇祖籍山东莱芜的时候，咱们可不能急着去否定哦。

不过，也有人说，秦始皇的祖籍是甘肃天水。这也是有历史依据的——伯益的十六世孙非子因为养马有功被周孝王封到了秦地，即今天的甘肃天水。非子，就成了秦国的"开山鼻祖"。秦国的早期君主也都在这块宝地上转悠过，就连陵墓都安排在这一带。考古学家曾在甘肃礼县发现过秦国贵族的古墓群，里面的青铜器上刻着"秦公作铸用鼎"。这些活生生的证据也告诉了我们，甘肃天水是秦人早期的居住地。

但非子的后代不甘寂寞，他们逐渐向陕西境内发展，兴盛于关中一带。秦始皇和他的好几代祖先，在这里把事业搞得风生水起。他们的陵墓也在陕西境内，颇有点"魂归故土"的意味，所以人们会说："秦始皇的祖籍是陕西，这才对味儿。"

其实，关于秦始皇祖籍的问题，学界的争论从来就没停止过，直到如今也没有个统一的定论。所以，如果有人问你秦始皇祖籍到底是哪儿，你就可以笑眯眯地回答："嘿，这事儿啊，连历史学家们都还在'掐架'呢，我这小老百姓哪敢轻易站队？只能告诉你，秦始皇的祖籍，山东、甘肃、陕西，哪儿都沾点边儿！"

揭秘秦始皇的童年经历

每一位伟大人物的成就，都与其童年经历有分不开的关系，但秦始皇的童年生活却鲜为人知。

有人说，秦始皇的童年十分悲惨。这是真的吗？咱们不妨从有限的史料中，尝试勾勒出大致轮廓，探讨一下他到底经历了怎样的童年。

公元前259年，一个不平凡的小生命在赵国邯郸悄然诞生，他便是我们的主人公——嬴政。在他生命的最初3年里，虽然老爸异人（后来的秦庄襄王）作为质子被困在赵国，但好歹一家人还算齐全，再加上有商人吕不韦的帮衬，小嬴政的生活还算平稳，也能享受到一些家庭的温暖。

可是好景不长，秦赵发生战事，赵王想杀他老爸，老爸和吕不韦只好逃回秦国，嬴政与母亲赵姬的生活瞬间从天上掉到了地上。在那个战乱频繁、人情冷漠的年代，一个没有父亲撑腰、只有孤儿寡母的家庭，日子过得该有多艰难啊。更何况，这母子二人身份尴尬，就算生命暂时不受威胁，但周围的赵国人对他们肯定没什么好感，有的甚至还怀有敌意。咱们可以合理推测，这母子俩在赵国很可能躲不过被欺凌、被排挤的命运。

那段时期，嬴政尝尽了人情冷暖，也没少被同龄的孩子欺负。史书对此虽然没有直接的记载，但他后来对赵国"算旧账"的行为，或许能够反映他心里憋了多少仇恨。公元前228年，秦军把赵国打了个底朝天，还抓获了赵王。这时候嬴政突然重返邯郸，干了件让人目瞪口呆的事儿。《史记》里是这么写的："秦王之邯郸，诸尝与王生赵时母家有仇怨，皆坑之。"这让人不得不怀疑，嬴政是不是在对过去的憋屈生活做出"反击"？

9岁时，嬴政的命运迎来了转机，他被赵国送回了秦国。从此，他有了身份和地位，还能获得顶级的教育，可童年的经历到底还是在他心里种下了偏执、阴郁的种子。这些性格特质，在他日后当皇帝时体现得淋漓尽致，比如他把权力看得比什么都重，对敢于反对他的人，报复手段要多无情就有多无情。

嬴政并没有被不幸的童年打败,而是以非凡的毅力和智慧,把这段经历转化为推动自己前进的动力,最终成就了"千古一帝"的辉煌事业。

争议不断的始皇生父

秦始皇究竟是谁的儿子？无论什么时候，只要一提到这个话题，肯定会引发一连串的争论。看似简单的身世问题，到了秦始皇这里，却成了扑朔迷离的"悬疑大片"，让人欲罢不能。

按照官方认证的说法，秦始皇的老爸是秦庄襄王，老妈是赵姬。这本是板上钉钉的事儿，可偏偏有些"八卦小能手"非得跳出来说："不对不对，秦始皇其实是吕不韦的儿子！"

这笔糊涂账的源头还在吕不韦身上。按照《史记·吕不韦列传》里的说法，这位仁兄本是阳翟的超级富豪，聪明绝顶，眼光独到，擅长在商海中低买高卖，赚了个盆满钵满。某天，他一眼相中了郁郁不得志的异人，说这家伙是个"潜力股"，值得投资。于是，吕不韦不惜倾家荡产，硬是帮异人登上了王位，还顺手送给他美人赵姬，安慰他孤独寂寞的心灵。为了表达感激之情，异人直接把吕不韦封为丞相，又赐了个文信侯的爵位，让他彻底实现了封侯拜相的终极梦想。

然而好景不长，问题来了。《史记》突然爆料，说嬴政刚继位那会儿，年纪还小，结果太后赵姬和吕不韦之间有了些"不清不楚"的关系。汉代的班固、宋代的司马光这些史学大咖也跟着"起哄"，非说赵姬在嫁给异人之前，就已经怀上了吕不韦的孩子，还硬生生地把"嬴政"改成了"吕政"。这剧情，简直比宫斗剧还要"狗血"，可他们说的是真的吗？

咱们来看看证据。翻开《史记·秦始皇本纪》，开篇第一句话明明白白写着："秦始皇帝者，秦庄襄王子也。"这似乎是给秦始皇验明了"正身"。可谁承想，到了《史记·吕不韦列传》，又来了个大反转，说赵姬在嫁给秦庄襄王之前已经珠胎暗结，而且这孩子就是后来的秦始皇。其实这并不奇怪，《史记》虽然是一部伟大的历史著作，但它的记载也并不是完全无误的，特别是在涉及宫廷秘史、个人隐私等方面，可能存在传闻、误记或刻意模糊的情况。

再细品这段记载，咱们还能发现一些不对劲的地方。比如说，异人主动讨要赵姬，吕不韦大为意外，还发了火，但考虑到自己已经投入了那么多"沉没成本"，也只好忍痛割爱了。这就说明，献赵姬并不是吕不韦的本意，若说吕不韦故意混淆王室血脉，那就实属"阴谋论"了。更离谱的是关于赵姬产期的说法，《史记》中记载赵姬是"至大期时，生子政"，这个"大期"到底是多久？有人说是10个月，也有人说是12个月。前者可看成是足月分娩，也从侧面说明嬴政的身世没有大问题；至于12个月，那不是在挑战人类的生育极限吗？

更有一些小伙伴试图从新的角度进行质疑，他们翻遍了比《史记》更早的《战国策》，因为这本书是最喜欢收集"名人隐私"的。可就连它都没提这回事儿，那八成是子虚乌有了。

即便如此，秦始皇的身世问题还是成了一个未解之谜，就连现代的史学家们也时不时要争个面红耳赤。谁让古代没有先进的DNA检测技术呢，咱们也没办法还嬴政和赵姬一个清白了。

曲折离奇的"登基之路"

提到嬴政，谁不知道他就是那个让六国闻风丧胆、一手开创千秋伟业的大Boss？不过，小时候的嬴政身上并没有什么"始皇帝"的光环。毕竟那时候，他的老爸异人还在灰头土脸地当质子，做梦都没想到自家能和那金光闪闪的王座产生瓜葛。那么，嬴政到底是怎么登上王位的呢？这里头的故事真是曲折离奇，说出来你可能都不会相信。

那会儿，异人都快被遗忘在角落里了，吕不韦这位眼光独到的大商人却突然出现在他眼前，不惜花费重金打点关系，准备把异人弄回秦国去。要说这吕不韦的游说功夫也是一绝，他想尽办法巴结上了华阳夫人——异人父亲安国君最喜欢的嫔妃，一番巧舌如簧，硬是让这位没有子嗣的夫人动了心，决定收异人为干儿子。有了这棵"大树"的倚靠，异人的回国之路变得顺畅多了。

谁知计划赶不上变化，秦国不按牌理出牌，突然发兵攻打赵国，把邯郸城围了个水泄不通。赵国人憋着一口气，打算拿异人当"出气筒"。好在吕不韦当机立断，买通了监守异人的官吏，为他求到了一条逃生之路。

吕不韦带着异人，拿出吃奶的劲儿一路狂奔，总算是回到了秦国。《战国策》记载，精明的吕不韦让异人换上楚国人的服饰，带他去见华阳夫人。华阳夫人来自楚国，一看异人这装扮，不禁母爱泛滥，当即与他相认，还为他改名叫子楚，以表达对楚国的思念。就这样，子楚从一个落魄的质子，摇身一变，成了秦国王位继承人的热门人选。

另一边，滞留在赵国的嬴政母子吃尽了苦头。幸好苦日子没过多久，戏剧性的一幕发生了：子楚的爷爷秦昭襄王一命呜呼，父亲安国君匆忙上位，哪知加冕不过3天，就突发疾病去世了。华阳夫人等人一合计，王位就落到了子楚头上。赵国方面一听说这个消息，态度立马变了样，居然把嬴政母子护送回了秦国。嬴政这峰回路转的人生啊，简直比坐过山车还刺激！

终于，嬴政一家三口在秦国团聚了。可幸福总是短暂的，仅仅3年后，子楚撒手人寰，13岁的嬴政就这样登上了王座。

嬴政从邯郸城里过得战战兢兢的倒霉蛋，一路"开挂"成为秦王，这概率简直比中彩票还让人难以置信，其中任何一个环节出错，历史的轨迹都会发生彻底改变。难怪都说嬴政是"天命之子"呢！不过，没有哪个国君是靠运气就能坐稳江山的，等待嬴政的还有数不清的考验。接下来会发生什么，咱们就搬好小板凳，一起坐等这场历史大戏上演吧。

这孩子，一看就是大富大贵的命，我的投资稳了！

战国末年，赵国邯郸，一场"奇缘"正在上演……

异人回国，赵姬母子却留在了赵国。等待他们的会是什么样的命运呢？

呜……呜……夫君，别忘了我们……

哼，总有一天，我要把这些仇都报回来！

嬴政母子在赵国受了不少欺负，日子并不好过。

历经波折，小嬴政终于回到了属于他的地方。未来的秦始皇，正在这里悄然崛起……

我，嬴政，将让这世界臣服于我的脚下！

第二章

秦始皇的权力暗战

成蟜叛变：宫廷深处的波澜

嬴政的王位坐得并不是很安稳，不知道多少人虎视眈眈，都想着把他推下去取而代之。他那特别"不省心"的弟弟成蟜，更是给他找了不知道多少麻烦。最让人接受不了的是，成蟜作为堂堂秦国公子，居然选择了反叛，这让人不禁想问：这背后到底有什么匪夷所思的秘密？

对于成蟜这个人，史书上的记载少得可怜，但人家可是秦庄襄王嬴子楚的亲生儿子，和嬴政是同父异母的兄弟。想当年，子楚在赵国做质子时，日子过得苦哈哈的，有时候连自己的温饱问题都解决不了，哪还有心情多生孩子？结果，嬴政就成了他的"独苗"。有一种猜测是子楚逃回秦国后，在生母夏太后的安排下，又娶了一位韩夫人，之后才有了成蟜这个二儿子。

和哥哥嬴政相比，成蟜的人生就顺遂多了，他过着尊贵而安乐的生活，要不是嬴政横插了一杠子，成蟜无疑就是未来的秦王了。不过，命运总是喜欢跟人开玩笑，成蟜最风光的时候，嬴政母子不期而至，事情就此发生变化。

各方面的势力为了争夺权力，从暗地里互相下绊子，逐渐发展到明面上你死我活的斗争。成蟜的背后，虽然有夏太后和韩国贵族势力撑腰，但到底是侧室庶出，比不上嬴政的嫡出身份高贵，更何况嬴政的母亲赵姬和吕不韦、嫪毐等人关系密切，形成了另一股强大的势力。这两派之间的权力斗争复杂而微妙，成蟜和嬴政也被卷入了没有硝烟的战争中。

说实话，成蟜不算是泛泛之辈，他曾经出使韩国，立过大功，后来还被封为长安君。可在秦宫中，他照样得小心翼翼地活着，因为他不仅要应对来自各方的压力和挑战，还得时刻提防身边的暗箭。夏太后去世后，最大的"保护伞"没有了，成蟜的处境变得越来越艰难，难免会产生一些不好的"想法"。

还有一种说法，称成蟜在叛变前受到了樊於期的蛊惑。樊於期可能向成蟜透露了关于嬴政身世的秘密，声称成蟜才是秦庄襄王的嫡长子，理应继承王位。或许就是这种言论激发了成蟜的强烈不满，促使他走上了叛变的道路。根据《史记》的记载，秦王嬴政八年（公元前239年），成蟜带着大军攻打赵国，行军到屯留（今山西屯留）时，不知为什么突然倒戈反叛……

这一事件震惊了秦宫上下，也让后世的历史学家直呼"看不懂"。成蟜这不是明摆着往火坑里跳吗？可咱们仔细想想，成蟜也是被逼无奈啊，与其在秦宫里做个任人摆布的"小透明"，还不如豁出去拼一回，说不定还能搏个出头之日呢！

至于成蟜后来咋样了？嘿嘿，那就是一个未解之谜了。《史记索隐》和《史记正义》中记载他在屯留叛乱中不幸身亡，追随他一起反叛的军官和士兵也跟着倒了霉，都被斩首处死了。嬴政连参与反叛的屯留百姓也不肯放过，把他们发配到了"鸟不拉屎"的临洮（今甘肃岷县）。

当然，对于反叛还有另外的说法。"八年，王弟长安君成蟜将军击赵，反，死屯留，军吏皆斩死，迁其民于临洮。"其中，"反，死屯留"还可解释为军队哗变，成蟜被杀害于屯留；或者，成蟜返回途中（"反"在文言文中可通"返"），在屯留死了，军队士卒借机发动叛乱。

吕不韦犯下的致命错误

在嬴政登上王位这出传奇大戏里,吕不韦可是不折不扣的"幕后推手"。他不仅是商界的奇才,更是政坛上的老狐狸,眼光毒辣、魄力惊人。但这位大佬最后竟落得个饮鸩自杀的下场。他究竟犯了哪些错呢?别着急,咱们这就来一探究竟。

首先,吕不韦是个改革派,他看秦国老一套的首级军功制(按照斩获敌人首级的数量来评定将士的功劳大小,并据此给予相应的奖赏)不顺眼,觉得太血腥、太落后了,得改改。这想法是挺好的,但问题是,他有些操之过急了,相当于否定了前几代人的努力,大家能没有怨言吗?

而且吕不韦在秦国是"一手遮天",连秦王嬴政都得靠边站。他还模仿起了战国四公子,做出一副礼贤下士的样子,招揽食客多达3000人!这些食客来自五湖四海,各有所长,他们把自己的所学所闻记录下来,汇集成《吕氏春秋》这部大作。

这部书简直就是战国秦汉时期的"百科全书"。吕不韦还特地让人把书里的内容公示出来，声称谁能给《吕氏春秋》增加或删减一个字，就能得到一千金的重奖。这下《吕氏春秋》彻底火遍了大街小巷，连带着让吕不韦的名声也水涨船高。这能不给嬴政心里添堵吗？

不仅如此，吕不韦还越来越独断专行，甚至想要架空秦王嬴政的权力。这种行为严重损害了君主的权威和地位，也破坏了秦国的政治体制。在封建社会，君主的权威是维系国家稳定的关键，吕不韦的做法无疑给秦国政治体制带来了严重冲击。

最后，咱们还得说说吕不韦和赵姬那点事儿。按照《史记》的说法，这俩人曾经有过一段感情，后来赵姬成了秦庄襄王的王后，吕不韦成了丞相。本该相安无事，可谁知他们偏偏"旧情复燃"。不妨想象一下，嬴政要是知道这些事，心里是个什么滋味儿。

到这时候，吕不韦还没有意识到危险，又犯了个"引狼入室"的大错误，就是推荐嫪毐这个假宦官进宫取悦赵姬，最后惹出了天大的祸事。嬴政在料理完嫪毐等人后，本想杀掉吕不韦，但念在他侍奉先王劳苦功高，加上有很多人为他说情，最终只是将他免职，放逐到河南的封地。谁知吕不韦到了封地还不老实，整天接受各地诸侯、宾客、使者的拜访，嬴政看在眼里，烦在心里，直接写了封信责骂他，还要把他全家赶到蜀地去。吕不韦一看，知道自己是彻底没戏唱了，就喝了杯毒酒，结束了自己辉煌又坎坷的一生。

所以啊，权力这东西，真是把双刃剑：用好了，那是风光无限；用不好，可就要万劫不复了。不过，吕不韦这一生也算是活得精彩、活得刺激，在历史上留下了浓墨重彩的一笔。

嫪毐封侯背后的阴谋

在嬴政的权力斗争史中，有那么几个角色，让人忍不住想大呼"奇葩"！今天，咱们就来聊聊那位凭借"特殊技能"地位一路飙升，最后竟然还被封侯的奇葩人物——嫪毐。

嫪毐原本只是个名不见经传的小人物，但人家有一项"独门绝技"，那就是男性魅力爆棚。这项技能在普通人眼里可能没啥大不了的，但在当时的秦国宫廷里，那可是"稀缺资源"。

赵姬，这位曾经的赵国美人，虽然贵为太后，却像是一只被关在笼子里的小鸟，总想飞出去撒欢儿。吕不韦知道，嬴政越来越大，自己再和赵姬这样胡作非为，万一哪天东窗事发，肯定要出大事！听说民间出了个"奇才"嫪毐，吕不韦真是松了一口气，立刻把嫪毐推荐给赵姬。赵姬的眼睛一下子就亮了，仿佛看到了新大陆。

嫪毐也不负众望，以假宦官的身份入宫，凭借自己的"独门绝技",把赵姬迷得神魂颠倒。他们两人相处得如胶似漆,为了不被人发现,干脆搬到秦国旧都雍地,搞了个"二人世界",还偷偷摸摸生下了两个小宝贝。

接下来,离谱的事情发生了。按照秦法之规定,想获得爵位,得靠军功。可嫪毐区区一个宦官,却被封为长信侯,连封地都有了,这种荒唐事儿,谁听了不得嘀咕几句?有史学家考证,说嫪毐是因为立了大功才被封侯,而这功劳据说就是举报成蟜造反。但也有学者对此提出了反对意见,总之导致嫪毐封侯的内幕有些不清不楚的。

也有一种观点认为,嬴政答应封嫪毐为长信侯,是"将计就计",有自己政治上的考量。面对吕不韦这个老狐狸的威胁,他心里跟明镜儿似的,知道得找个"帮手"来对抗权臣。嫪毐这家伙虽然出身不高,但背后站着赵太后,培养好了就是一步好棋,用来对付那些不听话的家伙最合适了。这种解读虽然合理,但没有直接的历史证据支持。

不管怎么说,封侯之后的嫪毐是彻底"飘"了。他仗着太后的宠爱胡作非为,雍城他一个人说了算就罢了,宫里的事还想插一脚。家里宾客如云、僮仆成群,每天来找他求官的、攀关系的,更是不计其数。在朝堂上,他和吕不韦势力旗鼓相当。两人跟两只斗鸡似的,动不动就针锋相对,而这恐怕是在嬴政意料之中的。

嫪毐小人得志,越发不知天高地厚起来。《说苑·正谏》里记载了这么一件事:嫪毐和一位贵族大臣喝酒时,不小心喝高了,两人打了起来。嫪毐气昏了头,竟口出狂言,说自己是秦王的"假父",吓得那位大臣跑去找嬴政告状。可想而知,这后果会有多严重。风雨欲来,咱们不妨静观这场大戏会有怎样跌宕起伏的剧情。

疑窦丛生的"蕲年宫之变"

上回说到有位大臣跳出来指控嫪毐，说他不但是个假宦官，还和太后私通，一口气生下两个"小秦王"，这不是把嬴政的脸面按在地上摩擦吗？嬴政一听，火冒三丈，当即下令严查，势必要把真相查个水落石出。

这边，嫪毐也意识到大祸临头了，怕嬴政会对自己施以极刑，便决定先下手为强，发动一场叛乱。

嬴政若是"领了盒饭"，嫪毐和赵姬就能把自己的儿子推上王位，日后的荣华富贵就有保证了。不过，想要搞定嬴政，难度系数太大了。人家到底是秦王，咸阳又是都城，是国家的政治、军事中心，防御力量强大。嫪毐掂量了下自己的实力，知道不能直接在咸阳发动政变，否则风险实在是太大了。

除了嬴政，嫪毐还有没有想杀的人？答案是肯定的，至少吕不韦必然在他的"追杀名单"上。吕不韦在朝廷的地位，堪称"一人之下，万人之上"，就连嬴政也得喊他一声"仲父"。但嫪毐可不管这些，他觉得吕不韦就是讨厌的绊脚石，必须除之而后快。当然，吕不韦也不是吃干饭的，他的势力不容小觑。

不过，嫪毐都被逼到绝路上了，也顾不上那么多风险了。他和手下密谋了一番，仓促间就下了决定，打算趁着嬴政去秦人宗庙所在地雍城举行冠礼的机会，偷来太后的印玺，调动军队在蕲年宫"搞事情"。有人可能会问，古代男子一般不都在20岁举行冠礼吗？可这一年嬴政都22岁了，这冠礼安排得有点晚吧？有学者指出，秦国王室可能有22岁举行冠礼的惯例，像惠文王、昭襄王都是如此，所以嬴政的冠礼并不算晚。但也有一种说法认为，嬴政继位初期，朝政大权被吕不韦和太后赵姬掌握。嬴政为了夺回权力，进行了长期的斗争，导致冠礼推迟，直到22岁才能举行正式的仪式，而这也是他掌握权力、得以亲政的一个重要标志。

举行冠礼的地点蕲年宫并不是一座普通的宫殿，它建造于秦惠公时期（约公元前490年），秦国历代国君都曾在这里祭祀斋戒，嬴政也选择在这里斋戒告天。嫪毐可能是这么想的：嬴政举行冠礼期间，防御措施比起咸阳来肯定要薄弱一些，趁着这个机会发动一场"蕲年宫之变"，说不定更容易得手。

然而，计划赶不上变化，或许是因为情报泄露，或许是突然调整了计划，嫪毐率领的叛军最终与嬴政派出的平乱大军交战于咸阳。嫪毐根本不是对手，只得夹着尾巴逃走了。嬴政哪肯放过他，马上放出"通缉令"：有活捉嫪毐的，赏百万钱；直接杀死嫪毐的，赏五十万钱。这么一来，嫪毐就是有上天入地的本事，也逃不出嬴政的"五指山"了。

果然，没过多久，嫪毐及其同党就被绳之以法了。其中罪行严重的被斩首示众，罪行轻的也要服劳役三年。至于嫪毐本人则被判了个"车裂"之刑，就是俗称的"五马分尸"，他的两个儿子乃至三族无一幸免。

嫪毐叛乱这事儿，就是一场闹剧。他低估了嬴政的实力和决心，也高估了自己的能力和运气，最终被嬴政一网打尽，落得个身败名裂的下场。吕不韦呢，也免不了被免职、被放逐、被勒令迁蜀的三连招……嬴政这位青年秦王，可谓一石二鸟，出手便是"王炸"。

这场叛乱虽然落下了帷幕，却给我们留下了许多值得思考的东西。比如，权力真的是个好东西吗？它真的能让人迷失自我、失去理智吗？还有，那些为了权力而不择手段的人，最终真的能得到他们想要的吗？

赵姬最后的归宿

嫪毐事件算是告一段落了。接下来，咱们再来关注一下事件的女主角赵姬，她到哪里去了呢？

首先，咱们得明确一点，赵姬并没有像嫪毐那样遭受极刑，她可是秦王的生母，这层"血缘护盾"不是闹着玩的。但这并不意味着她就能全身而退，她的所作所为到底是给秦王的脸上"抹了不少黑"，所以被幽禁在了雍地的萯阳宫，过上了与世隔绝的日子。

这消息一传开，朝野上下一片哗然，大臣们纷纷上书求情，希望嬴政能高抬贵手，网开一面。

但秦王那时候正在"气头上"，谁劝跟谁急！《说苑·正谏》中记载，嬴政是下过命令的："敢以太后事谏者，戮而杀之。"可就是这样，有的大臣还是想"多嘴"，结果有27人因此成了"刀下鬼"。

就在这节骨眼上，一个名叫茅焦的亢直之士登场了。他来到秦始皇面前，进行了一番"晓之以理，动之以情"的劝说，大意是："秦王啊，您现在可是要干大事的人，要是这时候传出您把亲妈关起来还严惩谏臣的消息，会让您的名声变得不孝、不仁，天下的人还会向着您吗？"

嬴政一听，这话说得在理啊！于是，他大手一挥，不仅厚葬了那些被自己误杀的大臣，还准备了"豪华车队"，浩浩荡荡地到雍地接老妈回宫。据说母子重逢的场面还真有点感人，反正双方都拿出了十二分的演技，过往那些个恩怨仿佛都随风而去了。

赵姬也算是"大难不死，必有后福"，回到了甘泉宫，过上了颐养天年的日子。至于母子俩的关系，表面上看是和好如初了，但背后的那些宫斗小秘密，估计只有他们自己心里清楚。

时间一晃就到了秦始皇十九年（**公元前228年**），赵姬走完了她传奇的一生。嬴政倒也不计前嫌，把她追封为"帝太后"，与秦庄襄王合葬在了芷阳（**今陕西西安东部**）。这身后事办得也算是风光无限了。

对于赵姬，历史上的评价"褒贬不一"。《史记》里记载她

"绝好善舞""淫不止",也就是擅长歌舞,但私生活混乱。现代学者却为她正了名,认为她在秦国没有政治根基,为了保住母子俩的地位,不得不与权臣建立"特殊关系"。这位奇女子的政治智慧,不是一般人能懂的。

让人哭笑不得的"间谍郑国"事件

嬴政这秦王当得可真是心累,跟自己人斗得像"乌眼鸡"似的,外面那些国家还整天憋着"坏水"想算计他,稍不留神就会中计。

这不,韩国发现秦国这个邻居越来越强大了,心里头那个慌啊。为了自保,他们想了个"疲秦"之计,也就是找一个懂水利的人,到秦国去当"间谍",哄着秦王同意修建超大规模的水利工程。这样一来,秦国疯狂消耗人力和财力,就没有余力对外发动战争了。

执行这条计策的"间谍"叫郑国,是一名优秀的水利专家。他见到嬴政后,尽情展示了自己的专业知识和技能,还说要帮秦国在泾水和洛水之间开凿一条灌溉沟渠。这条渠全长300多里,能够引来富有肥力的泾河泥水,用来灌溉田地,把沼泽盐碱地变成肥美的良田。嬴政被他描述的美好前景打动了，采纳了他的建议，还让他主持开凿工程，又征集了大量的人力物力，开启了长达十多年的建设工程。

然而，在施工过程中，郑国的"间谍"身份暴露了。嬴政没想到自己竟然会被骗，不禁暴跳如雷，当场就想处死郑国。可郑国还挺淡定的，他不慌不忙地解释说："我承认，我来秦国的目的不单纯。不过，我就是想给韩国再续几年命，可对秦国来说，这渠一修，就是利在千秋的大好事儿！"

一句话让嬴政冷静了下来，他觉得郑国说得挺在理，又派人调查了一番，发现还真是那么回事儿，就饶了郑国一命，让他戴罪立功，继续给秦国修水渠。从这也能看出，嬴政不愧是一代雄主，既胸襟宽广，又富有远见。

最后，这渠还真建成了，灌溉面积达到4万多顷。关中平原那地界儿，从此告别了干旱贫瘠的面貌，土壤变得更肥沃了，粮食产量越来越可观；秦军对外作战，粮草供应更充足了。为纪念郑国的功绩，大伙儿就把这渠称为"郑国渠"。郑国渠和都江堰工程（*秦国蜀郡太守李冰修建的大型水利工程*）一北一南，遥相呼应，它们让秦国的经济实力和军事潜力迈上了新的台阶，秦灭六国也就成了水到渠成的事情。

反观韩国那边，费尽心思策划了这个"间谍"行动，谁知不但没能疲秦，反而白给了一位自家的人才，让秦国的实力进一步增强了。最终，在秦国统一六国的战争中，韩国成了第一个被灭亡的国家，你说这事儿滑稽不滑稽？

"逐客令"里藏着多少算计

在生活中，如果家里来了不讨喜的客人，主人就会委婉地下"逐客令"，让他"哪儿凉快哪儿待着去"。可你知道吗，"逐客令"这个词居然和秦王嬴政有着不解之缘。公元前237年，嬴政曾下令，要把从各国来的客卿都赶出秦国，这就是"逐客令"的由来。

有人可能会觉得奇怪，秦国从商鞅变法那会儿，就积极招揽各国人才，把四面八方的精英都吸引过来了。在这些外来的"小伙伴"里，有不少人在秦国的政治圈、军事圈、经济圈混得风生水起，给秦国做了不少贡献。可嬴政为什么突然要把"招贤"变成"逐客"呢？

这事儿和秦国内部的势力博弈脱不开关系。那帮秦国的宗室大臣眼看着外来士子掌握了朝政大权，心里可不平衡了，生怕哪天这些"外人"把秦国的江山给"拐跑"了。特别是那个吕不韦，他本是来自卫国的商人，竟当上了秦国的丞相，还学战国四公子的样子，招揽了一群门客，势力不断膨胀，宗室大臣能对他放心吗？

另外，秦国正闹旱灾，粮食产量"嗖嗖"往下降，国家钱包也"瘪"了不少。为了改善状况，秦国打算搞水利建设。结果，韩国的间谍郑国来了个"疲秦之计"，虽然没有造成大的破坏，但还是让秦国的宗室大臣后怕不已。他们总觉得那些外来人口里，说不定就藏着间谍和破坏分子。

于是，宗室大臣联合起来，向嬴政进言，说从其他国家来的人都有自己的小心思，肯定不会忠于秦国，得把他们全部赶走，不然迟早会成为祸患。嬴政听了，采纳了这个意见，下了一道"逐客令"，要求大小官员里只要不是秦国人的，都得"卷铺盖"走人。

这条逐客令一颁布，那可就炸了锅了，好多外来士子都被迫离开了秦国，其中还有不少是担任高官显职的人才呢。就在这个时候，李斯站了出来。他本是楚国人，还是吕不韦的门客，因为才华出众，被嬴政看上了。可现在他也在被驱逐的名单中，他不甘心就这么灰溜溜地离开，所以在临走前给嬴政上了一道奏章，里面列举了秦国历史上那些客卿的丰功伟绩：秦穆公任用百里奚、蹇叔，成为一代雄主；秦孝公大胆任用商鞅，通过变法使国家变得无比强大；秦惠文王任用张仪，硬生生把六国联盟给拆散了，让他们没法联合针对秦国……他还强调，君主不拒绝任何臣民，才能显示自己的恩德。相反，要是排斥客卿，他们去了别国，辅佐其他诸侯，天下贤能的人就不会再来秦国了，秦国的命运就很危险了。

嬴政看过这道奏章后，一拍大腿："李斯说得对啊，这逐客令太坑人了！"他立即下令取消逐客令，李斯的官职也得以恢复。后来，李斯升任为丞相，成为秦国统一六国的重要功臣。

在逐客令事件中，嬴政虽然犯了"一刀切"的错误，但他能虚心接受臣下的意见，及时纠正自己的错误，这胸襟和智慧也是没谁了！从那以后，他开始更加成熟和明智地处理类似问题，更加重视招揽和任用外来人才，为秦国的统一大业奠定了坚实的基础。

韩非之死：谁是幕后黑手

韩非，也被尊称为韩非子，是公认的法家学说的集大成者。他主张依法治国、赏罚分明，理论"简单粗暴"却能直击要害。如果放在现代，韩非凭借专业的素养和犀利的言辞，肯定会受到粉丝的追捧。然而，就是这么一位才华横溢的大佬，最后却落得个屈死狱中的下场。我们不禁要问：到底是谁害死了韩非？

下面，咱们来试着列一下"嫌疑人名单"，这里面嫌疑最大的非李斯莫属。据《史记》中的记载：韩非出身于韩国的贵族之家，年轻时有很强的报国心，经常向韩王上书，提了很多有价值的意见，可韩王就是不愿意采纳。没想到他的文章传到了秦国，嬴政读过后很是喜欢，非得见韩非一面不可。为此，嬴政竟然决定攻打韩国，韩王也是没办法了，只好派韩非出使秦国。没想到李斯嫉妒韩非的才华，担心自己会在嬴政那里失宠，便故意诋毁韩非，说他肯定有异心，不会向着秦国；可要把他放回去，又会遗留后患，不如编个罪名把他抓起来。嬴政也是一念之差，竟然同意抓人，韩非就这样糊里糊涂地入了狱。之后李斯派人给韩非送去了毒药，逼他自杀了。没过多久，嬴政回过味来，派人赦免韩非，才知道大错已经铸成，不免十分后悔。

看到这里，是不是觉得挺气愤的？先别急，要知道，历史这玩意儿，有时候比电视剧还"狗血"。原来，李斯和韩非是同门师兄弟，他们的师傅就是大名鼎鼎的荀子。而且李斯在韩非入秦这件事上，那可是"功不可没"。《史记》中记载嬴政偶然读到韩非的《孤愤》《五蠹》，激动得不得了，李斯便借机推荐道："这是韩非写的。"可见李斯并不是妒贤嫉能的人。再说了，如果韩非真是李斯害死的，嬴政为什么没有问罪于李斯呢？所以，有一些学者认为"害死韩非"这事可能是对李斯的误解或贬低。

此外，有人大胆指出，真正的幕后黑手其实还是嬴政。对于韩非的思想，嬴政虽然仰慕不已，但问题是，那些"高大上"的政治理念，到了实际操作层面可能就是另一回事了。而且韩非一心想保存韩国，曾上书《存韩》，洋洋洒洒地讲述了很多秦灭韩的弊端，这是直接跟秦国的统一大业唱反调啊。再加上韩非又有点拎不清状况，居然指责嬴政的重臣姚贾。这么多问题堆积在一起，难免把嬴政给"惹毛了"，于是直接被关进了大牢。《史记》中记载，韩非想亲自向嬴政申辩，但嬴政不愿意见他。可想而知，当时嬴政有多不想再听到他那些过分的言论。

　　所以要问谁害死了韩非，这个问题其实挺难回答的。如果说直接凶手，那可能是某个执行命令的小喽啰；但从根源上讲，是那个时代的政治斗争、人性的复杂，以及韩非自己过于理想化的性格，共同编织了一张致命的网。至于嬴政和李斯，他们更像是这张网上的两个结点，无意间推动了悲剧的发生。

经过一系列的斗争后，嬴政终于站在了权力的巅峰……

作为权力斗争的输家，成蟜选择了背叛，狼狈地消失在历史舞台……

吕不韦这位老臣也难逃脱被放逐的命运，最终匆匆了结了自己的生命……

嫪毐与赵姬，也成了宫廷斗争的牺牲品，最终落得悲惨的下场……

第三章

秦王扫六合，
虎视何雄哉

秦灭六国，顺序暗藏玄机

从公元前230年灭韩开始，到公元前221年灭齐结束，秦国先后花了约10年的时间，建立了一统天下的伟业。说起秦灭六国的顺序，很多人肯定能脱口而出：这题我会，不就是"韩、赵、魏、楚、燕、齐"吗？但你想过没有，这个顺序是随便拍脑袋想出来的吗？当然不是，这里头暗含了不少玄机。

咱们先来看第一重玄机，也就是六国和秦国之间的距离远近，大致可以分为三个层次：其中燕国和齐国这两个国家离秦国最远，没有直接接壤；魏国和楚国呢，稍微近点；韩国和赵国，算是秦国的"近邻"，特别是韩国，简直就是秦国的"后花园"。

秦始皇的策略就是：离得远的，咱们客客气气地建交，互相别惹事儿；离得近的，那就对不起了，说打就打，绝不含糊。所以，秦国先是笼络了燕国和齐国，再稳住魏国和楚国，然后集中火力去收拾旁边的韩国和赵国。

懂行的人一看就明白了,这不就是"远交近攻"吗?没错,这么做真是好处多多。一来可以避免被其他六国联合起来"群殴";二来可以节省战争成本,毕竟打"邻居"总比打"远亲"方便多了。

不过,具体实施起来也有讲究,那就涉及第二重玄机了,也就是"先弱后强""先北后南"。从军事实力来看,赵、楚和齐这三国算是强国,赵国的李牧大军让秦军头疼不已。而韩、魏和燕这三国可以说是弱国,尤其是韩国,国力弱得跟"纸糊"的一样。

秦始皇自然是先挑"软柿子"捏,把离得近的弱国给灭了,这样不仅能获得更多的物质资源,还能占据更好的地理条件,为接下来与强国的决战打下坚实基础。所以,秦国先是瞄准了最弱小的韩国,轻松愉快地完成了第一个"小目标"。然后又跟较强的赵国"死磕"了多年,最终将其拿下。这时候,秦军已经杀红了眼,本想顺手把北方的燕国也灭了,甚至已经攻下了燕国都城,把燕王和太子丹逼到了辽东。在秦将李信的穷追不舍下,燕国卫军主力被消灭,燕王不得不杀掉太子丹,向秦国求和。秦国并没有答应他的要求,但为了集中力量对付魏国和楚国,还是暂时放过了燕国。

魏国和楚国,虽然也是战国七雄里的佼佼者,但在秦国面前,实力还是相差太远!在秦国的强大攻势下,这两个国家的军民虽然也奋起抵抗过,但还是先后覆灭了。

这回终于轮到燕国了,秦国几乎没费什么力气就打下了辽东,俘虏了燕王。而齐国呢,一直置身事外,坐视各国灭亡,等到秦国大军压境时,已经无力抵抗,只能举国投降。

你看这灭六国的顺序,像不像嬴政精心布局的一盘大棋?如果换个顺序,比如先打齐国,作战成本就会大大增加,而且很容易被其他几国从背后暗算,到时问题就大了。再比如,先留着赵国不打,李牧大军肯定不会闲着,不知要给秦军制造多少麻烦。

所以说,历史的选择往往不是偶然的,它背后有着深刻的逻辑。嬴政之所以能够一统天下,成为千古一帝,不仅仅是因为他有雄才大略,更是因为他顺应了历史的发展规律,用智慧和策略为自己铺就了一条通往成功的道路。

弱肉强食：轻松的灭韩之战

秦灭韩之战，可谓赢得轻松、战得痛快，以至于《史记·秦始皇本纪》中只用了短短一句话来记录此事："十七年，内史腾攻韩，得韩王安，尽纳其地，以其地为郡，命曰颍川。"

其实，在消灭韩国之前，秦王嬴政本想先啃下赵国这块"硬骨头"。但赵国的老将李牧实在难缠，秦国的攻势屡屡受挫，损失巨大。秦国遂决定还是按原来的部署，先把主攻方向指向韩国。

韩国在战国七雄里头，地盘小得跟个芝麻似的，还被一群"大佬"围着，根本没法扩张。早在公元前307年，韩国的重镇宜阳就成了秦国的"囊中之物"，给秦国东出带来了便利。从那以后，韩国被秦国不断蚕食，国土面积越来越小，战略纵深更是不值一提。秦国大军逼近，韩国连个躲的地方都没有。

再来看看韩国的军队，那叫一个惨啊！跟秦国打了几仗，精锐都被打光了，剩下的净是些老弱病残。战斗力？根本不存在的。还有韩国内部那帮人，整天钩心斗角，意见还不统一。看到李牧打败了秦军，韩王就想投靠赵国，殊不知赵国付出了怎样的代价，自保都困难，又怎能分出精力来保护韩国呢？后来，韩王又打算向秦称臣，还把南阳（今河南境内太行山以南、黄河以北地区）献给秦。可就算韩王变得"识时务"了，也没能避免亡国的命运。秦王嬴政派内使腾接收了南阳（也有一种说法，称"腾"本是韩国的南阳守，主动投降秦国并献出了南阳），让其担任代理南阳守，为进攻韩国做好了充足的准备。

公元前230年，内史腾依照秦王的诏令，率领秦军渡过黄河，对韩国发动了进攻，打了韩国一个措手不及。韩国还来不及进行有效的抵抗，都城就被攻克了，韩王安也被俘虏了。没过多久，秦国占领了韩国所有的土地，韩国灭亡。

在韩国被打得落花流水的时候，其他几个诸侯国都没有伸出援手，因为他们自身难保。就拿魏国来说，在信陵君魏无忌、魏安釐王去世后，魏国的实力大滑坡，渐渐顶不住秦国的强大攻势了，眼看着秦国消灭了韩国，却爱莫能助。至于赵国，也在秦国没完没了地进攻下疲于奔命，越来越被动。看到秦国攻打韩国，赵国哪还敢去支援？他们明白，秦国一旦得知自己要去支援，就会发兵攻打自己。至于齐国、燕国、楚国等就更别提了，一没实力，二没精力，都不可能来救援韩国。再说了，秦国大军追求的是"速战速决"，没给其他诸侯国留下反应的时间。就算他们真想出兵救援韩国，也是鞭长莫及。

因此，秦国只用了极小的代价、极短的时间，就将韩国一举攻灭，还占领了一块战略要地，这为消灭其他五国提供了便利。

自毁长城：赵国名将李牧的悲剧

在秦国"推平"六国的过程中，赵国可是一块不好啃的"硬骨头"，这和赵国名将李牧有分不开的关系。

李牧这人可不是一般的牛，简直是战争界的"扛把子"，他能和白起、王翦、廉颇这些军神级的人物并列，号称"战国四大名将"，你就知道他有怎样的实力了吧。

李牧长期在代、雁门那边驻守，保卫赵国的北部边境。他一面坚壁清野，把"家里"打扫得干干净净，让匈奴来了也捞不着好处；一面养精蓄锐，待时机成熟时，给匈奴来个"大惊喜"，一举歼灭对方十多万人马。

在秦对赵用兵的过程中，李牧曾多次率军击败秦军。在肥之战中，李牧临危受命，硬是把气焰嚣张的秦军给打趴下了。由于扭转了局势，他被封为"武安君"。在番吾之战中，李牧采取"南守北攻"的战略，又把秦军给收拾了一顿，成为赵国独当一面的将领。但是，这么一位牛人，最后却落得个被赵国抛弃的下场，你说冤不冤？

这事儿还得从赵国的内斗说起。首先，李牧的威望实在是太高了，高到让赵王心里直犯嘀咕："这家伙功高盖主，不会哪天把我踢下台吧？"赵王对李牧的不信任，就像是一颗定时炸弹，随时都可能爆炸。

再说赵国那些权臣，一个个都眼红李牧的功绩，生怕他会威胁到自己的地位。特别是赵王的宠臣郭开，为了保住自己的饭碗，不惜构陷忠良。他一看赵王对李牧有猜忌之心，就趁机煽风点火，这下赵王心里更慌了。

赵国君臣间这种不正常的气氛被秦国捕捉到了。《史记》中记载，秦国派遣奸细进入邯郸，花重金贿赂郭开，让他在赵王耳边吹风："李牧这家伙怕要造反。"赵王听后，也不调查调查，就要把李牧撤掉。

李牧一听这事儿急眼了，说："将在外，君命有所不受！"其实李牧的拒绝是合理的，大家都知道，临阵换将是兵家大忌，尤其是在跟秦军决战的节骨眼上，更不能轻举妄动。可心胸狭窄的赵王听不进去，他暗中派人设下圈套，把李牧给逮捕了，又下令将李牧诛杀（《战国策》里的说法是李牧自尽而死)。

李牧到死都没明白，自己一向忠心耿耿，怎么就落得个这么憋屈的下场呢？而他一死，赵国最后的军事支柱就没了。没过多久，秦国大军压境，赵国再也派不出大将去抵抗了，都城邯郸被攻破，赵王也成了秦国的阶下囚。

这事儿告诉了我们一个道理：再强大的国家，内部要是不团结，权臣当道，猜忌横行，那离灭亡也就不远了。赵国就是活生生的例子，明明有个能征善战的李牧，却因为内部的钩心斗角而被害死了，这不是自毁长城吗？

不过，李牧的事迹是不会被人遗忘的。唐代追封了64位古代名将，允许他们配享武庙，这是相当有面子的事情，其中就包括"大将军武安君李牧"。到了宋代，配享武庙的72位名将中仍有李牧的大名，这也算是给这位英雄人物一点慰藉了。

水灌大梁灭魏国

秦国先后灭掉了韩国、赵国，又把燕国打得奄奄一息，嬴政便将目光投向了魏国。秦和魏这两个国家，真是前世的冤家、今生的对头，打来打去百余年。随着秦国越来越强大，魏国的实力就不够看了，年年都得给秦国送点土地当"礼物"。秦统一六国的战争还没打响，魏国的国土已经被秦国夺取了一大半。

尽管如此，灭魏仍然不是一件简单的事情。好在嬴政用对了人，让战事进行得较为顺利。在秦灭魏之战中，表现最为抢眼的是王贲。他是秦国大将王翦的亲儿子，从小深受老爸的影响，不但学了一身好武艺，脑子也灵光得很。

公元前226年，嬴政派王贲率军队去收拾楚国。王贲一顿操作猛如虎，直接打下了楚国10多座城池。

接下来，王贲转而攻魏，玩了个"声东击西"的把戏，对外放话说要从河北邯郸打魏国。魏王一听，赶紧把主力部队调到北方去防守。哪知道，王贲这家伙竟偷偷南下，搞了个突然袭击，包围了魏国的都城大梁（今河南开封）。

但这大梁城并没有那么好打，它城高墙厚，城防跟铁桶似的，外围还有交错纵横的水网，想攻进去可太难了。王贲发动了几次攻击，都撞得满头包。城墙上那些魏军士兵，一个个跟打了鸡血似的，挥舞着武器，誓死保卫家园。

王贲一看，心说这不行啊，得换个法子。他仔细观察了地形，发现大梁城地势低下，旁边还有黄河、鸿沟等水系，心里顿时有了主意。

王贲指挥部队把大梁城外的水网控制起来，让士兵不分昼夜拼命挖掘沟渠，引来黄河和鸿沟的水往大梁城里灌。3个月后，原本坚固的城墙纷纷崩塌。魏王假心想，这仗没法打了，干脆投降吧。魏国就这么灭亡了。

王贲这一招"水淹大梁"真是绝了！不仅显示了他的聪明才智，还让人看到了他在战场上灵活应变的能力。接下来，王贲就像开了挂一样，为秦国南征北战，立下了汗马功劳。公元前222年，他和李信夺取辽东，灭亡燕国，让秦灭六国的大业又完成了一个"小目标"。公元前221年，他和李信率军攻打齐国，逼得齐王建不得不投降。这下，秦灭六国画上了句号。嬴政十分高兴，封王贲为通武侯，他也成了秦国的"大红人"。

王贲这一生，真可谓战功赫赫。他和老爸王翦，不只是战场上的勇士，更是智慧和谋略的化身。他们用实际行动告诉我们：成功，从来不是靠蛮力，而是要靠脑子！

李信伐楚的失败和教训

秦始皇统一六国就像一部波澜壮阔的战争大片，其中有高潮迭起的大场面，也有值得回味的小插曲。咱们今天要聊的就是一段让人哭笑不得的小插曲——李信伐楚。

都说嬴政眼光毒辣，用人如神，但谁能想到他也有看走眼的时候，比如他让李信去伐楚，结果就悲剧了。

李信是个年少壮勇的将领，秦始皇对他相当信任。在伐赵之战中，李信异军突起，攻下了太原、云中，还配合大将王翦一起攻灭了赵国。而在攻伐燕国时，他更是表现突出，率领的部队第一个到达易水河畔，击败了燕太子丹的军队。

当秦始皇决定攻打楚国时，很自然地想到了李信，问他需要调用多少兵马，李信拍着胸脯保证："最多给我20万人，我就能灭楚！"秦始皇一听，那叫一个高兴，心想：王翦跟我说要60万人，真是胆小如鼠，还是李信够勇猛。他大手一挥，让李信带着20万大军出发了。王翦一看这架势，干脆推托说有病，回老家频阳休养去了。

然而，理想是丰满的，现实却是骨感的。李信刚进入楚国时，推进得还算顺利，但好景不长，他们很快就遇到了大麻烦。昌平君起兵反秦，攻占郢陈（今河南省周口市淮阳区），切断了李信军队的后路。李信不得不回师进攻郢陈，打乱了整体部署。楚国将领项燕是个狠角色，抓住机会尾随追击，三天三夜不停息，让年轻气盛的李信吃了个大败仗。

这一战，秦军损失惨重。嬴政得知消息后，那脸色比锅底还黑，心里后悔不已：早知今日，何必当初，我真应该听王翦那老家伙的。不过，嬴政是见过大场面的，他很快就调整好了心态，亲自跑到频阳，诚恳地向王翦道歉。王翦见老大都给自己台阶下了，就勉为其难地出山了。最终，王翦带着60万大军，稳扎稳打，灭掉了楚国。

李信攻楚大败，没少被世人批评，都说他是年轻气盛，轻敌妄为。这话还真不假，李信性格勇猛果敢，却少了点沉稳。在伐楚之战中，他总想着快速制敌，欠缺周密的部署，给了敌人可乘之机。

不过，这事儿也不能全赖李信，我们也得注意到，楚国虽然丢掉了不少地盘，但"瘦死的骆驼比马大"，还是有一定实力的，能够在短时间内迅速集结大量兵力，向秦国发起反击。而且楚国地处南方，疆域辽阔，地势复杂，山林茂密，河流纵横，秦军不熟悉地形，在战斗中难免要吃苦头。

当然，秦王嬴政也得负点责任。他一心追求速战速决，没有充分考虑战争的复杂性，也没有看清对手的实力，对年轻将领又过分信任。上面这些因素加起来，李信伐楚不败才怪呢！

好在嬴政虽然犯了错误，但知错能改，最终还是挽回了局面。这也提醒了我们，不管做什么事情，都要保持冷静、理性，别盲目行动。万一遇到了挫折，要勇于承认错误，积极寻求解决方案，这样才能走向成功。

老谋深算的名将王翦

在秦灭六国的大戏里,王翦是个不得不提的关键人物,他简直是秦始皇的"军事智囊+救火队长",哪里需要就往哪里去。

除了最早进行的灭韩之战王翦没有参与,其他五国,不是被王翦就是被他儿子王贲带兵所灭,可见王翦的实力有多么强大。

咱们先从灭赵之战说起。王翦先是带着军队,跟赵国名将李牧斗智斗勇,相持了一年多的时间,最后用"反间计"解决了李牧,这才一举攻下了赵国。

接着,燕国因为荆轲刺秦的事儿惹毛了嬴政,嬴政一怒之下,派王翦去收拾燕国。王翦也不含糊,带着军队一路杀了过去,攻取了燕都城蓟,把燕王喜打得抱头鼠窜,逃到了辽东。

最精彩的还是王翦灭楚之战。秦始皇一开始派了年轻气盛的李信去攻楚，谁知李信被楚军打得落花流水，秦军损失惨重。这时候，秦始皇才想起王翦的好，亲自跑到频阳去请王翦出山。王翦也是大气，说："要我出山可以，但得给我60万大军。"秦始皇咬咬牙，答应了。王翦也没有让他失望，抵达战场后，没有像李信那样贪功冒进，而是先让士兵构筑了坚固的营垒，然后坚守其中，拒不出兵。哪怕楚军在外面不停地挑战，王翦也命令秦军继续坚守，不得异动。等楚军失去了耐性，向东转移时，王翦抓住这个重要时机，突然发兵追击，杀了他们一个措手不及。之后秦军乘胜追击，所向披靡，仅仅一天后，就俘虏了楚王，攻下了楚国。

王翦的军事实力由此可见一斑，但他更让人惊叹的，还是处世的智慧和自保的能力。他一直都很清楚什么叫"狡兔死，走狗烹；飞鸟尽，良弓藏"，所以很早就为自己和家族的未来谋算了。

在灭楚这件事上，他和嬴政发生了严重分歧，见嬴政选择李信带兵，他也不做过多争辩，果断称病，远离这个是非之地。等李信大败，嬴政亲自求他出山时，他也不忸怩作态，而是干脆利落地答应了要求。

不过，他知道自己要率领的是60万大军，这可是秦国的大半兵力,而嬴政这个人比较多疑,难保不会有想法。所以他故意向嬴政索要了很多田园、宅第之类的赏赐,意思是说:"我王翦是个贪慕富贵的人,带兵出去打仗就是为了立功,再给子孙后代置办些家产,可没有什么拥兵自重的野心。"嬴政未必不明白他的意思,但看他这么"懂事理",自然愿意给他赏赐,对他也更加信任。

在灭楚之后,王翦的动向就不明确了。有人说他在第一时间申请告老还乡,回家过起了安乐的生活。这个说法比较符合他的性格,也彰显了他超越常人的智慧。比起功高盖主,急流勇退更利于明哲保身,所以他也成为"战国四大名将"中唯一善终之人。

总的来说,王翦是个既有军事才华又有政治智慧的老狐狸。他的一生,简直是一部活生生的"战国版职场攻略":告诉我们如何在复杂的局势中保持冷静、理性,如何顺应上司的心意,最终成就一番大业。所以,读历史的时候,咱们也得学学王翦,别光顾着看热闹,还得从里面学点门道。

"叛徒"昌平君的多面人生

还记得李信伐楚时，那位拼命给秦军"添堵"的昌平君吗？有人就问了，这人不是秦国的重臣吗？怎么突然成了"叛徒"？

其实，只要弄明白昌平君的身世，就知道他为什么会做出这样的选择了。昌平君，芈姓，熊氏，名启，是楚考烈王的儿子。楚考烈王的人生经历，和嬴政的老爸嬴子楚还有几分相似之处——秦国曾和楚国达成和平协定，楚考烈王当时虽然是太子，也没逃过做质子的命运，被送到了秦国。在秦国，楚考烈王和秦昭襄王（嬴政的曾祖父）的女儿成婚，生下一个儿子，就是日后的昌平君，所以昌平君和嬴政是有亲戚关系的。

后来，楚考烈王回国，登上了王位，昌平君芈启（一说熊启）及其母亲留在了秦国。不过这对母子比起嬴政和赵姬母子，日子要好过多了。因为华阳夫人出身楚国王室，能为他们提供些助力。而芈启自己也很能干，在秦国的仕途发展得比较顺利，后来被封为昌平君，担任一些重要的职务。

昌平君还被嬴政立为相。嫪毐之乱爆发后，被嬴政派去平乱的大臣也有昌平君，可见嬴政对他是非常器重和信任的。

然而，昌平君身体里流淌的终究是楚国的血，心里装的也是楚国的情。在秦灭六国之战中，眼看着秦国的大军一步步逼近楚国，准备一举灭掉这个老对手时，昌平君的内心那叫一个纠结。他毕竟是楚国的公子，和楚国王室之间有着血浓于水的关系，这份牵挂不是说断就能断的。

嬴政可能也看出昌平君是"身在秦营心在楚"了，对昌平君没有以前那么倚重了，导致昌平君在秦国政坛上的地位逐渐边缘化。后来嬴政更是罢免了昌平君的职务，把他"下放"到郢陈，还派人监视着他。这让昌平君感到前途渺茫，心里那个憋屈啊。或许就在这个时候，楚国的项燕等人对他进行了一番游说，直接把他的"爱国心"给唤醒了。

昌平君一咬牙，一跺脚，决定叛秦！郢陈这个地方虽然已经被秦国占领，但楚人的势力并没有被完全消灭，这给昌平君的反叛创造了条件，他联合项燕一起打败了李信率领的秦军。但老将王翦出马后，楚军很快就兵败如山倒了，楚王也被俘虏。项燕不愿投降，索性立昌平君为楚王，继续与秦国作战。但秦军势不可当，他们无力回天，最终以惨败告终，昌平君也落得个身死的凄凉结局。

回顾昌平君这一生，也是颇为离奇：他本该是楚国的公子，阴差阳错成了秦国的重臣；本应一生为秦国尽忠，却不得不起兵反秦，最后竟成了楚国的末代国君。这角色转换之频繁，让人瞠目结舌。只可惜，历史的车轮滚滚向前，昌平君最终还是成了那个时代的牺牲品。但他的故事，却成了后人茶余饭后的谈资，让人感叹不已。

荆轲刺秦，壮举还是闹剧

秦灭赵后，剑指燕国，大军开赴燕国南部边界。燕太子丹急得跟热锅上的蚂蚁似的，心想：咱不能坐以待毙啊！于是，他就想了个"绝招"——派荆轲去给秦王嬴政整个"惊喜"，搞刺杀！

荆轲原本是卫国人，卫亡后"溜达"到了燕国。他武艺高强，胆识过人，还特别讲义气。太子丹提出刺杀计划后，荆轲二话不说就答应了。但他也知道，想见嬴政没那么简单，得先准备足够的"诱饵"。荆轲决定带着燕国督亢（今河北易县、涿州、固安一带）的地图和樊於期的首级去见嬴政。樊於期原本是秦国的将领，后来叛逃到了燕国，嬴政正悬赏捉拿他呢。这"礼物"一送，秦王说什么也得见见荆轲。

荆轲慷慨高歌"风萧萧兮易水寒，壮士一去兮不复还"，义无反顾地出发了。到了秦国，果然见到了嬴政。一开始，一切都挺顺利的，荆轲把地图慢慢展开，嬴政也看得挺起劲儿。等地图全部打开时，藏在最里面的匕首露了出来，荆轲右手抄起匕首，左手紧紧扯住嬴政的袖子，就要向他刺过去！

嬴政的反应也够快的，连忙伸直身子站起来，挣断了袖子。他本想拔出佩剑，但剑身太长，又插得过紧，加上心里着急，一时半会儿拔不出来。嬴政只好绕着柱子边跑边躲，荆轲则在后面紧追不舍。周围的人看了干着急，却不知道该怎么办。多亏机灵的侍臣大声喊："大王背着剑！大王背着剑！"嬴政这才恍然大悟，把剑推到背后，用力拔了出来，刹那间就砍断了荆轲的左大腿。

荆轲倒下了，却还不服气，举起手中的匕首向嬴政投掷过来，结果只击中了铜柱。荆轲身受重伤，知道事情不能成功，便靠着柱子，张开两腿坐在地上笑骂："要不是因为我想活捉你，你早就没命了！"最后，秦王的侍卫一拥而上，斩杀了荆轲。

荆轲刺秦为什么会失败？准备不足肯定是一大原因。据说荆轲出发前，本来还想等一个人的"神助攻"，可那人迟迟未到且太子丹催得太急了，他只得带上武士秦舞阳（一说秦武阳），匆匆离燕赴秦。

而秦舞阳这个"猪队友"不给力是失败的第二个原因。这家伙被人们称为勇士，可一见到嬴政就吓得腿软了，连话都说不清楚。别说帮荆轲执行任务了，想不引起嬴政的怀疑都难。

第三个原因，就是缺乏一个"Plan B"。在整个刺杀过程中，荆轲基本上没考虑秦国宫殿的布防和环境因素，也没想过嬴政会有怎样的反应速度。出现问题后，没有保证刺杀顺利进行的备用计划，赌博成分太大，失败也在情理之中。

对于荆轲刺秦这事儿，后世的评论两极分化。有人说荆轲是不畏强暴、勇于牺牲的代表，但也有人疯狂吐槽，说太子丹轻率且缺乏谋略，结果不仅没能阻止秦国继续伐燕，反而使荆轲刺秦一事成为燕国灭亡的"加速器"。像宋代大儒朱熹更是毫不客气地批评道："荆轲不过是匹夫之勇，没什么好说的！"

但不管怎么说，荆轲的精神是值得肯定的。毕竟，在那个弱肉强食的时代，能有个挺身而出、敢于挑战强权的"侠之大者"，也是挺不容易的。

秦始皇和燕太子丹的恩怨情仇

燕太子丹派荆轲刺杀秦王,除了国仇家恨,还有一些私人恩怨在里面。

这事儿还得追溯到两位主人公年少的时候。前面讲过,嬴政的命运起点是赵国的都城邯郸,他在这里度过了不太愉快的童年时光。

也就是在这个时期,燕国的太子丹也因国家的需要,被送往赵国成为质子。仿佛出于命运的安排,他们两人在邯郸相遇了,在那段寄人篱下的日子里,两人结下了不解之缘。史书用"其少时与丹驩"(驩同"欢",有快乐、高兴的意思)来描述两人之间的关系,可见他们曾经是亲密无间的发小儿。

谁也没想到,世事无常,他们两人居然渐行渐远。嬴政的父亲继位成为秦庄襄王。嬴政回到秦国后,没过多久就登基当上了秦王。而燕太子丹呢,虽然同样身为王族之后,却仍旧在燕国担任太子。而且燕国的实力和秦国根本没法比，两人的关系能不发生变化吗？

眼看着秦国越来越强大，燕国为了自保，决定把太子丹送到秦国当人质。咱们不妨揣测一下太子丹的心情，他肯定既心酸又期待，心酸的是无法掌控自己的命运，期待的是能够和发小儿重逢，说不定嬴政会顾念少时的情谊，多少给自己一些优待。可他忽略了一点，那就是此时的秦王嬴政，早就不再是当年那个和他说说笑笑的少年了。这位野心勃勃的帝王根本不愿意再和太子丹称兄道弟，对他的态度变得十分冷漠，甚至可以说是很不友好的。这让太子丹气愤极了，感觉自己受到了莫大的侮辱和背叛。再加上在秦国的日子并不好过，最终他实在受不了了，冒着生命危险逃回了燕国。

太子丹这一逃，两人的友情就算是彻底终结了。太子丹心里那个恨啊，心想：嬴政，你给我等着，我非报这个仇不可！

从公元前227年开始，秦国频频出兵，侵吞各诸侯国。战火即将波及燕国，太子丹再也坐不住了，他绞尽脑汁寻求抗秦的办法，还招募勇士，打算刺杀嬴政，其中最著名的就是"荆轲刺秦王"的故事。这一行动最终以失败告终。嬴政十分恼怒，派军队攻打燕国，燕军根本不是对手，连都城都被秦军占领了。太子丹随父亲燕王喜逃到了辽东郡，秦军仍在后面穷追不舍。燕王喜为了求得嬴政的谅解，竟派人斩杀太子丹，把他的首级献给秦国，可嬴政不为所动。几年后，嬴政派兵攻灭了燕国，为这段曾经的友情画上了一个悲惨的句号。

  回顾这段历史，人们不禁感叹：人生真是无常啊！曾经无话不谈的发小儿，最终却因为政治斗争和个人恩怨而反目成仇。其中的是是非非、恩恩怨怨，又岂是三言两语能够说得清的?

高渐离的复仇之路

　　荆轲有个"铁哥们儿"叫高渐离，此人是燕国的"乐坛巨星"，特别擅长击筑。筑的样子有点像古琴或古筝，演奏方法很独特，要用左手按弦的一端，右手拿着竹尺击弦，发出的乐声悲亢而激越。

　　荆轲到了燕国以后，和高渐离以及另一位好哥们儿狗屠混在一起。他们经常在燕市的酒馆里泡着，不喝到天旋地转誓不罢休。有一次，荆轲和高渐离两人喝得醉醺醺的，摇摇晃晃来到了闹市中央。高渐离坐着击筑，荆轲就和着那乐声放声高歌。两人越唱越起劲，把人都给吸引了过来，围着他们指指点点。可他俩却跟没看见一样，唱到动情处，两人还抱头痛哭，泪如雨下，把周围的人都看愣了。

　　后来，荆轲接了个"大活儿"——刺杀秦王。这对知音不得不含泪分别了。在易水边，高渐离击筑相送，乐声里满含着不舍与难过。他也知道，荆轲此行是凶多吉少，但还是义无反顾地表示支持。因为在他看来，荆轲是为了家国大义而牺牲小我，是极其伟大的。最终，荆轲真的"壮士一去兮不复还"了。高渐离得知消息后，悲愤、痛苦到了极点。

秦灭六国后，嬴政对昔日追随太子丹和荆轲的"小伙伴们"展开了疯狂的报复，很多人都逃走了。高渐离为了躲避风头，不得不隐姓埋名，跑到宋子县（今河北赵县宋城），当了个小酒保。但他心中那复仇的火苗从未熄灭过，时刻想着要为荆轲报仇雪恨，让秦始皇付出代价。

于是，高渐离又重拾老本行，凭着一手高超的击筑技艺，很快在江湖上混出了名堂。秦始皇听闻他的名声后，决定召他入宫为自己演奏。高渐离知道机会来了，开始暗中准备，想着在演奏时给秦始皇来个突然袭击。可没想到，有人早就认出了高渐离，跑去给秦始皇打了小报告。秦始皇确实喜爱他的击筑技艺，舍不得杀他，但又不能拿自己的命开玩笑，就让人熏瞎了他的眼睛，再把他带到身边来演奏。

在双目失明、行动不便的情况下，高渐离还是没有放弃，他把铅块藏进筑里，想要击打秦始皇，但没有击中。秦始皇十分生气，直接让身边的侍卫杀害了高渐离。

高渐离刺杀秦始皇的行动虽然失败了,但可别小看了此事的影响力。据说从那以后,秦始皇再也不敢靠近从诸侯国来的人了,他的心里已经留下了深深的阴影。而高渐离的故事也成为后世传颂的佳话,被誉为"士为知己者死"的典范。

秦灭齐之战，不战而降的悲剧

秦国一路过关斩将，把其他五个国家都收入了囊中。瞅瞅地图，只有齐国还在优哉游哉。别着急，秦国已经将矛头对准了它。

这齐国是战国时期的老牌强国，也曾有过辉煌的历史。春秋时期，齐桓公喊着"尊王攘夷"，一路发展成了霸主。到了战国时期，齐威王、齐宣王两代君王也不逊色，把齐国治理得繁荣昌盛。然而，战国江湖风云变幻，齐国这个昔日的"武林盟主"越混越差，没啥能力和秦国抗衡了。

齐国为啥落魄了呢？直接原因是那场五国伐齐的大乱斗。齐国就像是被群殴的"小可怜"，虽然在田单等人的努力下，齐国最后挣扎着"爬"起来了，但元气大伤。土地丢了，人口损失了，财富也被抢走了不少，战斗力直接掉到"负数"。

再来说说齐国的国策，那更是怎一个"坑"字了得！齐国后期居然选择了"事秦谨，与诸侯信"的路线，说白了就是甘当秦国的"小弟"，恭恭敬敬地对待秦国，也不参与其他诸侯国对秦国的联合抵抗。这策略短期看是挺安全，能避免秦国的直接攻击，可长期来看，那就是慢性自杀啊，不但让齐国的地位越来越低，还混成了"孤家寡人"。还有，齐国内部的政治腐败也加剧了国家的衰落。就像齐国的相国后胜，被秦国用重金一砸，立马就成了秦国的内应，天天在齐王建耳边"吹风"，让他继续跟秦国当"好哥们儿"，别老想着打仗啥的。

这齐王建也是个没主见的主儿，相国说啥他信啥，结果把齐国带进了火坑。等到秦国打来的时候，齐国十分狼狈，即墨大夫建议齐国全国总动员，跟秦国拼了！但齐王建呢？他居然选择了"躲猫猫"战术——断绝了和秦国的来往，只派了点兵去西边守着，以为这样就能躲过一劫。结果秦王嬴政拿这事儿当借口，派王贲带着大军绕开齐国正面部队，直插临淄。秦军所到之处势如破竹，齐国被打了个措手不及。齐王建更是吓破了胆，直接就投降了。

齐国为啥不战而降？不光是因为国力弱、政治腐败，在对外战略上也出现了大失误。齐国长期跟秦国保持友好关系，眼看着其他诸侯国被秦一个个消灭，却没有伸出援手。最后等到秦国来收拾自己的时候，连个帮忙的都没有，只能乖乖投降了。

齐国灭亡的故事告诉咱们，一个国家要想发展得好，不仅要靠经济实力和军事实力，还得有政治智慧和国际战略眼光。只有保持清醒的头脑、坚定的立场和正确的战略选择，才能在国与国竞争中立于不败之地。

"秦王扫六合"的深层原因

秦灭六国是一件空前绝后的大事,结束了长达数百年的诸侯混战局面,实现了国家的初步统一。

那么,大家有没有想过,为什么是秦而不是其他诸侯国完成了这样的壮举呢?

要回答这个问题,咱们得先好好说说秦国的"变形记"。秦国原本没有这么强大,但在秦孝公时期,一位名叫商鞅的奇人从卫国来到秦国,实施了一场全方位的大改革,硬生生给秦国安装了一个"升级版操作系统"。

在政治上,商鞅废除分封制,搞起了县制,就像把"家族企业"改成了"现代企业"。这样一来,秦国内部不再是一盘散沙,执行命令的效率高到飞起,为统一六国打下了坚实的基础。商鞅还完善了法律制度,堪称战国时的"法制先锋"。

在军事上,以前贵族们靠高贵的出身混日子,但商鞅一来，游戏规则全部推倒重建，变成了"谁打怪升级快，谁就是老大"。这下可好，平民英雄白起横空出世，一路从草根逆袭成为秦国的"战斗男神"。这风气一带，秦国士兵成了"战斗狂人"，见面不问"你吃了吗"，而是问"今天你立功了吗"。不仅如此，秦军不但武器先进，还纪律严明，打起仗来就像开了挂似的。这种战斗力，六国谁看了不得瑟瑟发抖？

当然，打仗离不开经济的支持。商鞅变法废除了井田制，实行土地私有制，允许土地买卖，农民生产积极性瞬间提高，农业生产效率不断提升。商鞅还鼓励农耕，抑制商业，不过不是完全禁止商业活动，而是对商业进行引导和规范，比如限制商人从事粮食买卖、实行酒肉高价高税政策等，将更多的资源和人口引导到农业生产中去。同时对外来商人提供一些优惠政策，如降低税收、提供便利的商业环境等。所以秦国商业越来越繁荣，秦国的"钱包"越来越鼓。

别忘了，秦国的强大还离不开一群雄才大略的君主，如秦孝公、秦昭襄王等，不仅智商在线，还野心勃勃。嬴政更是秦国统一六国的关键人物。他采取了"分而治之"的策略，利用六国之间的矛盾，让他们互相掐架，自己坐收渔翁之利。

在秦国蒸蒸日上的同时，六国的表现却不怎么样。它们之间的关系错综复杂，互相竞争忙得不亦乐乎，根本没法团结起来对抗秦国。而秦国是个外交高手，远交近攻，把六国玩得团团转。

总而言之，秦灭六国，一统天下，靠的不仅仅是武力，更是政治智慧、经济策略和外交手腕。这场历史大戏，比任何一部宫斗剧都精彩，而秦国，就是那个笑到最后的大赢家。

弹丸小国卫国的生存智慧

有人说，秦始皇并没有真正统一中国，因为还有个漏网之鱼——卫国，这是真的吗？

说起这卫国，曾经也是一个挺有分量的大国。卫国的第一任国君是周文王的第九个儿子，是正宗的皇室血脉。到了卫武公那会儿，卫国国力达到了巅峰时刻。当时恰好赶上平王东迁这样的大事，卫武公赶紧派出大军去帮忙，分分钟露了一把脸。不过卫武公一死，卫国就开始走下坡路了。

卫国的地盘，位于中原地区的核心地带，虽然地理位置是最好的，但周围强国林立，能保住自己的一亩三分地就不错了，哪还敢想对外扩张呀。相比之下，位于中原边陲的秦国、楚国等国家，却因为天高皇帝远，更容易做大做强。这就导致卫国在"诸侯国发展大赛"中越来越落后，越来越被动。

卫国就这么凑合着"苟"到了战国时期，眼看着七大"常任理事国"（也就是"战国七雄"）在那"互掐"得起劲，卫国却谁都不敢帮，生怕把麻烦惹上身。秦始皇懒得处理卫国，和卫国的"佛系"有一定的关系。人家在那儿斗得热火朝天，卫国呢，就像是一个躲在角落里的"吃瓜群众"，不参与、不惹事，一副"事不关己，高高挂起"的模样，所以秦始皇对卫国也比较放心。

还有一个原因，就是卫国其实已经名存实亡了。它今天被人拿走两座城，明天又被抢走一块地，最后就剩下一小块地盘和几个贵族，对秦国根本不构成威胁。到公元前241年，秦设立东郡，把卫国的濮阳给占了，卫君角被迫迁往野王（今河南沁阳）。秦始皇只要张张嘴，就能让卫国立刻消失，但得到多少好处先不说，还可能和其他国家扯皮。所以秦始皇选择睁一只眼闭一只眼，让卫国继续挂着国号，当个"吉祥物"。这样秦始皇还能向天下展示："你们看，我大秦还是很宽容的。就连这样的弹丸小国都有生存空间。"

最后，咱们也别忘了，卫国虽然弱小，却出了不少了不起的大人物，如孔子的得意门生、商界奇才子贡，有兵家"亚圣"之称的吴起，著名刺客聂政、荆轲……还有咱们非常熟悉的商鞅和吕不韦，这两位可是秦国崛起的大功臣，也来自卫国。秦始皇或许是为了表达对他们的重视,也为了彰显自己的开明和智慧,遂决定留下卫国这个小国。

所以,在秦始皇活着的时候,卫国一直艰难而尴尬地存在着。等到秦始皇去世,秦二世上台以后,觉得卫国没啥存在的意义了,就毫不犹豫地把卫君角废为庶人,卫国算是彻底灭亡了。

秦始皇为何不对匈奴赶尽杀绝

秦始皇统一六国后,还不能高枕无忧。因为来自北方的匈奴时不时就会侵扰秦朝的边境地区,让人防不胜防。他们骑着马,挥着鞭,在草原上玩起了"躲猫猫"——今天集结大军给你来个突然袭击,明天又消失得无影无踪,只留下秦军在风中凌乱。秦始皇受不了这口气,便决定主动出击,进行北征。

北征匈奴的大将是蒙恬,他带着30万秦军一路势如破竹,收复了河南地(今河套平原一带)。但匈奴对地形了如指掌,又擅长打游击战,秦军一不留神,对方就溜得无影无踪。时间一长,秦始皇开始犯嘀咕了:这仗打下去,人力物力不停地消耗,财政"压力山大"啊!最终,秦始皇决定撤军,而匈奴主力没有被消灭,仍能迅速撤退。

有人就问了,秦始皇的军队如此强大,为什么消灭不了匈奴呢?对于这事儿,秦始皇肯定有自己的考量,咱们不妨来分析分析。

首先,秦始皇已经完成了自己的战略目标。虽然《史记》等史料中记载秦始皇是因为"亡秦者胡也"的谶语而对匈奴开战的,但事实不会这么简单,秦始皇更看重的是河套地区的战略价值。这里水草丰美,适合放牧,还能成为阻击游牧民族的天然屏障。再往北去,气候恶劣,土地贫瘠,就算占领了,也不能给秦朝带来可观的收益。所以秦始皇在夺取河南地后,可能想见好就收。

其次,成本高昂。想要彻底征服匈奴,没有强大的骑兵部队可不行,而这是需要花费大量时间与金钱去组建和训练的。再说了,长途远征匈奴离不开庞大的后勤补给,从中原到北方草原的路况那么复杂,运输成本得多高啊。秦始皇肯定算过这些账,知道再打下去就不划算了。

再次,秦始皇考虑到了秦朝内部的问题。别看他已经建立了中央集权的封建国家,但六国旧贵族和遗民还想着反叛,南方百越地区的叛乱也需要派兵镇压,得把有限的兵力、财力用在刀刃上。

还有,匈奴人逐水草而居,生活方式和价值观与中原农耕民族的大相径庭。即使征服了匈奴,也不能把中原老百姓习惯的那一套强加在他们身上，否则肯定会引起激烈的反抗和冲突，所以把匈奴赶走就算完成任务，没必要赶尽杀绝。

不过，逃走的匈奴还有可能再杀回来，所以秦始皇采取了修筑长城的防御策略。长城把匈奴挡在了"门外"，保护了中原地区的安全和稳定，还促进了边疆地区的开发和经济发展，也加强了中原和边疆地区的联系与交流，这可比无休无止的作战划算多了，秦始皇的雄才大略由此可见一斑。

所以说，有时候解决问题不一定非得硬碰硬，换个思路，用智慧去应对，往往能取得意想不到的效果。就像秦始皇用长城这道"智慧墙"，给后人留下了宝贵的文化遗产和历史经验。咱们也得学着点，用智慧去面对生活中的各种挑战。

惨烈的百越之战

很多人都认为,秦始皇拿下百越是手到擒来的事情,可战争却持续了10年之久,这期间秦军付出了极其惨烈的代价。那么,秦始皇为何要不惜代价攻打百越之地呢?这次战事又有多惨烈呢?

这百越之地,不是什么小地方,它对秦朝来说具有非常重要的战略意义。它是古越族人分布的地区,涵盖现在的广西、广东、浙江、福建以及越南北部等地。这些地区资源丰富,风景秀丽,战略地位十分重要,要是都能拿下,不但能给秦朝提供丰富的物质资源,增强国家的经济实力,还能有效地防止南方部落侵扰中原地区。秦始皇在深思熟虑后,做出了南征百越的决定。

然而,攻打百越之地并不顺利。历史记载秦始皇对百越发动过三次战争,也叫"三征百越":第一次是公元前219年,秦始皇派了一名叫屠睢的大将，率领50多万大军，分5路攻击闽浙和岭南；第二次是公元前214年，秦军在任嚣和赵佗的率领下攻击岭南；第三次是公元前210年，赵佗攻击瓯骆地区。有的历史学家认为，第三次战争只是第二次战争的延续。

在这三次战争中，最重要和最惨烈的是第一次战争，从公元前219年开始，一直到公元前214年才结束。为什么会花这么长时间？原来，百越各部落虽然装备不行，但战斗意志特别强烈，而且他们熟悉地形，常常躲在深山老林里，跟野兽为伴，时不时跳出来给秦军来一个突然袭击，搞得秦军十分狼狈。此外，百越那个地方气候湿热，蚊虫肆虐，秦军士兵大多是从北方来的汉子，不适应这糟糕的环境，很快就病倒了一大片。

这还没完，百越部落还切断了秦军的粮道，导致军中出现缺粮问题。秦将屠睢急得团团转，不得不写信向秦始皇求救。秦始皇决定征调大量民工开凿灵渠，把湘江和漓江给连起来，确保秦军的粮草运输畅通无阻。

那几年，秦军真是没少吃亏。根据《淮南子》的记载，百越部落曾在公元前218年向秦军发起过反击，秦军大败，"伏尸流血数十万"，就连总指挥官屠睢也死在了一次夜袭中。事后有人统计了一下，说秦军阵亡总人数可能在30万人左右。百越方面的伤亡同样十分惨重,没有力量继续发动进攻,双方陷入了长期对峙状态。

直到公元前214年,灵渠粮道全面开通,后勤供给问题终于解决了。秦始皇召集兵马,任命任嚣为主将、赵佗为副将,再次进军百越。这一次,秦军学聪明了,不再跟百越战士们硬碰硬,而是采取了稳扎稳打、步步为营的策略。最终秦军一举攻占了岭南全境,设置了南海郡、桂林郡、象郡。

秦始皇发动的百越之战,虽然损失惨重,但意义深远,不仅扩大了秦朝的版图,还促进了中华民族的融合和发展。百越地区独特的文化和民族认同感并没有消失,相反,在与中原文化的交融与碰撞中,百越文化逐渐融入中华文明的大潮,为中华民族的多元文化增添了一抹独特的色彩。

嬴政铲除了吕不韦和嫪毐，正式亲政，统一六国的宏伟蓝图也提上了日程……
秦
齐
燕
楚
魏
赵
韩
这六国，我大秦必一一拿下！
秦赵长期对峙，关键时刻赵国却自毁长城，冤杀名将李牧，为秦国的胜利铺平了道路……
没想到反间计这么管用！
唉，天不助我赵啊！
给你们尝尝我的水淹大法！
天哪，我们完了！
王贲一招“水淹大梁”，让固若金汤的魏国都城失去了防御力，魏国灭亡已成定局……
算了，我们放弃抵抗了！
随着齐国的不战而降，秦国完成了对六国的统一，中国历史翻开了新的一页。
好！六国尽归我秦，天下一统！

第四章

万世一系,
千年帝制开创者

专属自称："朕"字大有乾坤

观看影视剧的时候，我们经常会听到皇帝们一个个自称"朕"，感觉特别有范儿。其实这种叫法是从秦始皇开始的。但"朕"这个字并不是秦始皇的独创，在先秦时期，人们就开始使用"朕"了，意思是"我"或"我的"。屈原的《离骚》里就有"回朕车以复路兮""朕皇考曰伯庸"等句子。《尔雅义疏》中也有记载："朕为通称，上下所同。"说明那时候"朕"还不是皇帝专用的。

那么，秦始皇为什么要用"朕"来自称呢？咱们还得从秦统一六国前说起。那时各国的君主往往自称"寡人""孤"，以提醒自己德行不够，还要勤勉努力。在诸侯国之上，周天子常自称"予一人"或"余一人"，表示"四海之内就我一人如此尊贵"的意思，堪称"低调奢华有内涵"。

秦始皇统一六国后，建立了强大的秦王朝。他觉得自己是天下之主，拥有无上的权力和地位。为了彰显自己的独特性和尊贵性，他想找一个特别的自称来区别于其他人，以强调自己是独一无二的统治者。

可是，选什么字才能凸显这份尊贵呢？秦始皇看上了"朕"字。它的小篆字形比现在的字形复杂多了，是由"舟"和"灷"两个部分组成的。"舟"代表大船，象征着君主的地位；"灷"跟火有关，是火种的象征，代表着皇帝的权力和威严。秦始皇自称"朕"，意味着他是大船的掌舵人、火种的执掌者，能够引领全体臣民前进。

不过不同的文献、不同的学者对于"朕"这个字也有不同的解读，像《说文解字》等著作就认为，"朕"的本义是船的裂缝，就是造船时两块木板之间的缝隙，可以引申为迹象、征兆。使用这个字为自称，可以提醒自己关注细小的疏漏，避免其演化为大的风险。

不管"朕"这个字有什么丰富的内涵，反正秦始皇决定用它来自称后，大臣、百姓就不能乱用了，否则就是犯上作乱，搞不好脑袋就得搬家。而秦始皇自称"朕"后，说话显得更有分量了，让人瞬间感受到那股专属于王者的霸气。

当然，秦始皇自称"朕"也不是一帆风顺的。刚开始，有些人还不习惯，觉得这事儿挺新鲜的。但没办法，秦始皇是谁啊？那可是天下的老大！他说啥就是啥，谁敢不服？于是，大伙儿慢慢地也就习惯了。他自己呢，也心安理得地自称起"朕"来了。

后来，"朕"这个字就成了皇帝的专属称呼，一直沿用了2000多年，直到清朝灭亡，这个称呼才逐渐退出了历史舞台。如今玩心重的小伙伴在生活中自称"朕"也无伤大雅，因为大家都知道是在开玩笑。毕竟，现在的社会讲究的是平等和尊重，谁也不是谁的臣民，大家都是自己的主宰。

"皇帝"称呼不简单

在秦始皇统一六国之前,对统治者的称呼还没那么"高端大气上档次",一般是"王",或单独使用"皇"或"帝"。"皇"有"大""辉煌""盛大"的意思,而"帝"有"品德高尚,能像天地一样包容、滋养万物"的意思。人们还把上古时代的贤君放在一起,合称为"三皇五帝"。"三皇",有人认为是燧人氏、伏羲氏、神农氏,也有人说是伏羲、女娲和神农氏;至于"五帝",通常指的是黄帝、颛顼、帝喾、唐尧和虞舜,一个个都是响当当的人物。这"皇"和"帝"是两个称号,还没有同时用在一个人身上,而且"三皇五帝"也不是真正一统天下的帝王,而是部落的老大或部落联盟的首领。

到了春秋战国那会儿,最高统治者常被称为"王",如周文王、周武王等。后来周王室的话语权越来越小,各路诸侯开始争霸,一些国力强大的诸侯国的国君也被称为王,如秦王、楚王、齐王等。据《战国策·燕策》记载，有的国君觉得"王"这个称呼不够威风，还想称"帝"。比如，秦昭襄王自称"西帝"，还鼓动齐湣王称"东帝"。《尚书·吕刑》中出现过"皇帝"这个词，一次是"皇帝哀矜庶戮之不辜"，一次是"皇帝清问下民鳏寡有辞于苗"。这里的"皇帝"是对前代帝王的尊称。

不过，第一个正式使用"皇帝"称呼的，还是咱们的主人公秦始皇。公元前221年，秦王嬴政灭掉了六国，平定了天下。他自己觉得这是前所未有的超级功业，甚至连上古时期的"三皇五帝"也比不上他，要是再用"王"之类的称号，就配不上这份丰功伟绩了。

于是，他找来一群大臣，让他们给自己取个更牛的称号。大臣们琢磨了好一阵子，说："上古有天皇、地皇、泰皇，其中泰皇最为尊贵，要不您就叫泰皇吧。"嬴政并不满意，说："我的德行超越三皇，功绩盖过五帝，干脆就把'皇'和'帝'搁在一块儿，叫'皇帝'！"

他还规定，皇帝发布的命令要叫"制"，皇帝下的文书要叫"诏"。他发布了一条命令："以前帝王去世了，会根据他们的行为确定谥号，这就像是儿子在评价父亲，臣子在评价君主，朕觉得这样做很不合适。从今以后，废除这种做法。朕是第一个皇帝，就叫始皇帝！"

就这样，嬴政成了中国历史上第一个"皇帝"，也就是咱们耳熟能详的"秦始皇"。后代帝王也用上了"皇帝"这个神气的专属称呼，一用就是2000多年。

龙袍颜色的变迁史

说起古代皇帝的龙袍，大家眼前是不是已经浮现出一片金灿灿的黄色？可事实上，龙袍的颜色远比咱们想象的要丰富。

据《礼记》记载，在先秦时期，周天子常穿青色的朝服。各诸侯国君主的服饰就随意多了，不用遵守什么统一的规定。

秦始皇一统天下后，选择黑色作为龙袍的主色调。这是为啥呢？原来，秦朝那会儿流行"五德终始说"，这是阴阳家邹衍用来解释王朝更迭、天命所归的神秘理论。比如，周是火德，秦是水德，秦取代周，符合"水克火"的规律。而水对应的颜色是黑色，所以秦朝以黑色为贵，服装、旌旗都爱使用黑色。

当然，秦始皇可不是个随便做决策的人，他这么做还有更深层次的考虑。你想啊，黑色在当时可是权威的象征，穿上黑色的龙袍往那一站，那气场，那威严，是不是有一种"我就是天选之子，你们都得听我的"的既视感？秦始皇这么一搞，不仅彰显了自己的至高无上，还顺便给大秦的统治加上了一层神秘的光环。

秦始皇这人还特别有改革精神。他统一六国，是要打破旧秩序、建立新体制的。黑色的龙袍，不正好象征着他这种破旧立新的决心吗？穿上它，就像是在向全世界宣告："旧时代过去了，伟大的新时代，大秦时代来啦！"

汉朝初期，皇帝们还继承着秦朝的"黑衣传统"，但到了汉文帝那会儿，事情出现了变化。《汉书·郊祀志》中记载，大臣公孙臣建议改服色为黄色，得到了汉文帝的采纳。结果才过了一年，又觉得红色更符合大汉王朝的"火德气质"，所以又把龙袍换成红色。

魏晋南北朝时期，龙袍的颜色更是五花八门，各朝各代都有自己的"时尚风格"。到了隋唐时期，黄色逐渐成为帝王的"专属色号"。《唐六典》中提到，隋文帝上朝时，身穿黄色的龙袍。但在当时，民间还没有被禁止穿黄色服饰。到了唐朝，黄色更是成为"九五之尊"的象征。唐高宗时还颁布了禁令，不准臣民穿黄袍，以免影响了皇帝的尊贵和独特。

宋朝时，宋太祖赵匡胤"黄袍加身"，"黄袍"正式成为皇权的代名词。到宋仁宗时,还规定"一般人士衣着不许以黄袍为底或配制花样"。自此,黄色服饰彻底成了皇帝的"私人定制"。

到了明朝,龙袍的颜色更加多样化,有黄色、红色、白色、黑色等多种选择。明朝的皇帝还根据五行学说和季节变换来选择合适的龙袍颜色。清朝,黄色的龙袍再次成为主流,皇帝通常穿着明黄色的龙袍出席重要场合,这就像是在说:"看我这颜色,就知道我是谁了吧?"

由此可见,古代皇帝龙袍的颜色并不是单一的,而是随着朝代和文化的变迁,呈现出多姿多彩的面貌。所以,下次再说到龙袍,可别只知道它是黄色了。

"三公九卿制"的权力格局

秦是中国历史上第一个大一统的王朝,结束了春秋战国500多年来的诸侯分裂"大乱斗"。为了巩固这一来之不易的统一局面,秦始皇肯定得想个办法,建立一套超级高效又十分稳定的中央集权制度。他瞅准了前代的"三公九卿制",来了个"升级版"。

三公九卿制并不是哪个聪明人一拍脑门"发明"出来的,而是在历史的长河中逐渐"进化"出来的。按照《礼记》等史料的记载,三公九卿制最早可以追溯到夏朝。据说夏朝的官员众多,天子手下设有三公、九卿、二十七大夫、八十一元士。瞧瞧这排场,多气派!不过这些职位并不一定要全部设置齐全,关键是要任用有才能的人。到了周代,三公渐渐和具体的官职"挂钩"了。比如按照《周礼》《通典》等典籍的记载,三公是太师、太傅、太保,下面还有少师、少傅、少保、冢宰、司徒、宗伯、司马、司寇、司空这九卿。这个时期的官制虽然还没成型，但已经给后来的三公九卿制打下了基础。

秦始皇统一六国后，雄心勃勃，打算对官制进行大刀阔斧的改革。他废除了分封制，建立了以皇帝为中心的中央集权制度，还设立了丞相、太尉、御史大夫为三公。三公中，丞相是"老大"，管着金印紫绶，待遇是最好的。太尉虽说和丞相地位一样、待遇相同，但皇帝才是兵权的实际执掌者，所以太尉就是在制度上"挂个名"，并不会真找人来干。至于御史大夫，相当于副丞相，管着银印青绶，也挺威风的。

三公之下，还有九卿分管各种事务：奉常掌管宗庙礼仪，主持国家祭祀；郎中令掌管侍从警卫，还管理各类谏议官；卫尉管理宫门的卫兵，确保宫廷的安全；太仆管理皇帝的车马，还兼管官府的畜牧业；廷尉掌管司法审判；典客负责外交或者民族事务；宗正管理皇族内部的那些事儿；治粟内史掌管国家的财政钱粮；少府管理皇帝私人的"钱袋子"和生活事务。虽然他们各有各的职责，但都得听皇帝的，皇帝可以随时调遣或增减他们的职权。他们的录用和任免，也是由皇帝说了算，要是哪个位置出现了空缺，就得先进行选拔，再找个优异的人选补上。

汉朝继承了秦朝的制度，最初也设立了丞相、太尉、御史大夫为三公，还沿用了秦朝的九卿制度。随着时代的变迁，三公九卿制的名称和职责慢慢发生了变化。比如，西汉晚期的三公是大司徒（职能类似于丞相）、大司空（掌管水利土木工程，行使监察职能）、大司马（掌控兵权）；东汉初期，开国皇帝刘秀觉得三公的权力太大了，就自己独揽大权，三公的地位开始下降。九卿的名称和具体职责也随着时代的变化而有所调整。

在中国古代政治体系中，三公九卿制的地位是非常重要的，它体现了中国古代政治智慧中的权力制衡思想，通过设立相互牵制的官职体系来维护皇权的稳定和国家的长治久安。

废除分封：始皇的革新与远见

秦始皇完成了中国历史上的首次大一统，还进行了许多影响深远的改革。其中最让人津津乐道的，就是他大胆废除分封制，推行郡县制。那么，秦始皇为何要做出这样的选择呢？

让咱们把时间回溯到西周时期，那时分封制特别流行。周天子就像个大家长，把土地和人民分封给宗室、功臣和先代贵族，让他们到地方上去当诸侯。这些诸侯在自己的"封国"里可以继续向下分封，这样一级级分封下去，就好像一层层卫兵，拱卫着王室。这制度一开始还挺管用，政局稳定了，疆域也扩大了不少。可后来呢？那些诸侯的势力越来越大，心里的想法越来越多，行动上也越来越不老实。

到了春秋战国时期，诸侯国争相参与"争霸赛"，根本没把周王室放在眼里。这些事情都是秦始皇见识过的，他深刻地认识到，要想实现国家的长治久安，就得打破旧有制度，搞一次政治体制的大变革。

这个想法一提出，朝中就出现了两种截然不同的声音。丞相王绾等人是保守派，他们觉得，分封制还得继续搞下去，特别是那些偏远地区，得派皇子或功臣过去"镇守"。但李斯等改革派就不同意这种观点，他们不停地宣讲郡县制的好处：加强中央集权、提高行政效率、促进国家统一和社会稳定……这些话还真说到秦始皇的心坎里了，他决定采纳李斯的建议，废除分封制，推行郡县制。

不过，改革这事儿哪有那么容易呢？朝里还是有不少反对派。他们担心，废除分封制后，地方势力会军心涣散，国家会失去稳定的基础。还有人说，郡县制太集权了，容易滋生腐败和暴政。

秦始皇是个有主见的人。他心想：改革嘛，总是有风险、有阻力的。但只要方向对，就要做！于是，他力排众议，毅然决然地推行了郡县制。

这可不是说说而已，秦始皇是"动真格"的。他下令将全国划分为三十六郡，以后又陆续增设至四十余郡，每个郡都设了郡守（负责行政）、郡尉（负责军事）、郡监（负责监察）等官员，由中央政府直接任命和管理。这些官员不仅要管理地方上的各种事务，还要定期向中央政府汇报工作，接受监督和考核。这下子，中央政府的权威性明显上升，地方势力则被不断地压缩。与此同时，国家的各项政令能够畅通无阻地传达到各个角落，大大提高了行政效率。

当然，郡县制的推行并不是一帆风顺的。在实施过程中，秦始皇也遇到了很多难题，但不管怎样，这场大变革还是取得了成功。郡县制的推行，不仅加强了中央集权、提高了行政效率、促进了国家统一和社会稳定，还为后世留下了宝贵的政治遗产。

现在回望这段历史时，不禁要为秦始皇的勇气和智慧点赞。他敢于打破传统的束缚，勇于尝试"新玩法"，这种锐意改革、勇于创新的精神，值得我们认真学习！

秦律

一提到秦律，很多人的脑海里就会蹦出"严苛""不近人情"这些词儿。但真相究竟如何呢？咱们得细细品味，毕竟历史可不是一言堂，得从多个角度看看。

前面讲到的商鞅不仅是位改革家，还是位"法律达人"。他参考了李悝的《法经》，改法为律，制定了秦国最早的成文法。此后，秦律经过一次又一次的补充与修改，内容越来越丰富、完整。秦始皇统一六国以后，秦律被推行到全国。

秦律可以说是什么都管，各个领域都能看到它的影子。人们觉得它过于严苛，主要是因为它主张"重刑主义"，刑罚种类多得令人咋舌，有死刑、肉刑（刺字、割鼻、斩足等肢体刑）、徒刑（拘禁并服苦役）、迁刑（流放边地）、笞刑（鞭笞）、赀罚（罚款或服劳役）和耻辱刑（剃除头发或鬓须，象征肉刑）……有的刑罚确实令人感到毛骨悚然，难怪秦朝会被后世冠上"暴秦"的名号。

至于量刑的标准，更让人觉得匪夷所思。比如，随便移动了田界，那就得小心了，因为这是对私有土地的侵犯，必须受罚。再比如，平民百姓穿着丝织的、有花纹的鞋子招摇过市，也触犯了秦律，会遭到处罚。还有，小偷小摸也会遭受重罚：普通人偷了东西，赃物价值超过一定数额，脸上要刺字并去服劳役；要是偷盗祭祀用品，也得去服劳役；偷采别人的桑叶，哪怕价值再小，也得被罚去服劳役……

更可怕的是，秦朝还实行连坐制度，也就是一个人犯罪，他的家族或邻里也可能因受到牵连而被惩罚。这种严苛的刑罚制度让人们在日常生活中小心翼翼，生怕触犯法律。

不过，秦律也不是一味地冷酷无情，从一些细节上也能看到它"温柔"的地方。像藏于湖南大学岳麓书院的秦简《徭律》中就提到，如果家中只有一个儿子，父母年纪大了，或是父母残疾、患病的，碰上运送粮草之类的苦差事，这个儿子就可以免除徭役，在家照顾父母。《奔警律》中也提到，村里有老人、身体弱的人，或者是腿脚有毛病的人，只要说明缘由，就不用去做那些需要跑来跑去、守护村子安全的事情。你看，秦朝的法律还是挺照顾老人、弱者还有身体不好的人的，不让他们去做那些做不到的事情。

另外，秦律也是讲道理的，不管什么人犯法，都要根据案情、口供来追踪案件真相。审案有一套流程，有问题了还要复审复核，不是随意判罚的。如果有人想诬告他人，一经查实，就要付出严重的代价。所以说，秦律虽然严苛，但有些地方还是有合理性的，而且帮助秦王朝稳定了社会秩序，保证了国家大事小情的正常运作，还给后世留下了一整套可供借鉴的优秀制度。

秦朝徭役之谜

秦朝的徭役是出了名的繁重。按照现在的规定，17岁还属于未成年，可根据湖北省云梦县睡虎地秦墓出土的秦简中的记载，秦朝的男子到了这个年纪，就得自觉到官府登记，从此开始踏上漫漫徭役路，一直到60岁才能"退休"养老。除非你有爵位，才能在56岁提前获得"解脱"。

秦朝的法律严得跟铁桶一样，想逃徭役门儿都没有！隐匿人口、谎报年龄、装病装残，这些招数都逃不过官府的法眼。一旦被发现，不光自个儿要倒霉，还会连累邻居，就连伍老、里典这种"基层干部"都得跟着遭殃。不过，官府还算有点人性，知道要保证生产，所以同一户人家不会同时抓两个人去戍边（《秦律杂抄》）。而且冬天天冷的时候，工作量可以减免三分之一，农忙的时候还有40天的假期。

徭役也分三六九等。最轻的是更卒，一年一回，就在本县或本郡干一个月的活；再升一级是正卒，一辈子就一回，得干上一年，主要是参加军训和保卫地方治安；最麻烦的是戍卒，也是一辈子一回，但得远离家乡，要么去都城，要么去边疆。这还不算完，要是参加了修城墙这类重大工程项目，还得负责保修一年，出现工程质量问题就得返工，而且返工时间是不算在徭役内的。

很多时候，秦朝官府还会超额征发徭役。后世有人计算了一下，当时秦国人口只有2000万人，修长城征调了大概30万人，戍五岭又需要50多万人，修建阿房宫、秦始皇陵又是70多万人，再加上修驰道、直道也需要大量人力，所以每年服役的人数不会少于300万人。有时青壮年男子数量不够，妇女也得上阵。

说到这里，你可能会问，秦朝老百姓服徭役，是无偿劳动吗？这得分情况，对于普通老百姓来说，根据《秦律》的规定，男人每月可得2石粮食，女人和身高不足6尺5的男人则是一石半。如果因为伤病等原因暂时不能参加劳动，配额就更少了，只有1石粮食。另外，服徭役的人还可以凭证去郡里或者县里领衣服，这算是官府的一点"小补偿"吧。

对于有罪之人，或是拖欠了官府的债务又还不起的人，那情况就不一样了。这些人可以通过服徭役来抵债，每劳动一天可以抵8钱；如果官府管吃住，那就只能抵6钱了。这也算是"以工代赈"吧，至少让人有个活干，不至于因为债务等原因活活饿死。

总结一下，秦朝服徭役并没有普通意义上的工资，但也不是完全白干，因为官府至少得解决大家的温饱问题，不能让人饿着肚子干活。老百姓在服徭役时吃尽了苦头，但也为国家的建设和发展做出了巨大贡献。秦国能够拥有如此强大的国力，离不开每一位劳动人民的辛勤付出！

"失期当斩"的真相

陈胜、吴广起义为大秦帝国敲响了丧钟。

按照《史记》中的记载，陈胜和吴广带着九百号兄弟，浩浩荡荡地走在去渔阳戍边的路上。结果半道上天公不作美，下起了倾盆大雨，路都走不了了，眼瞅着就要迟到了。这可把陈胜、吴广给急坏了，俩人一合计：嘿，不如咱们把这群兄弟号召起来，干一番大事业！

他们知道按照法律规定，因为迟到大伙儿都得被砍头。于是陈胜吴广发表了一通激情四射的演讲，号召大家不如反了算了。

那么，秦朝的法律真的有"失期当斩"的规定吗？

1975年，考古学家从湖北云梦县的睡虎地秦墓里发掘出了一大批竹简，其中《秦律十八种·徭律》就写得明明白白：服徭役迟到3—5天，所得惩罚是训斥，跟咱们现在上班迟到被老板骂几句差不多；迟到6—10天，罚1盾；迟到超过10天，罚1甲。盾和甲，相当于现在的罚款。而且秦朝的法律还挺人性化的，像大雨这种不可抗力导致的迟到，还能减免处罚。你说秦朝的法律是不是比咱们想象的要宽容多了？服徭役迟到也不是多大的罪过，根本到不了砍头的地步。

不过，也有人说，这些规定是针对徭役的，而陈胜、吴广等人执行的可是军事任务。

在战场上，时机就是生命，延误时机会造成严重后果，自然要承受严重的惩罚。按照秦律的严苛程度，被判斩首也不是不可能。这话有些道理，但咱们也要考虑到，当时交通设施十分落后，人员在远距离调动中容易遇到各种自然灾害，如果迟到了就将所有兵卒全部砍头，那不是在自己削弱自己吗？

所以就算问题再严重，一定要处决几个"倒霉蛋"，也只可能是陈胜、吴广这样的小头目，可以起到杀鸡儆猴的作用。

陈胜、吴广估摸着是想借大家伙对秦律的恐惧心理，鼓动大家起义。

所以，咱们可以得出结论："失期当斩"这事儿，听起来吓人，实际上没那么夸张。

"书同文"：一次失败的字体普及

秦始皇一统六国，威风凛凛，仿佛整个天下都在他的掌控之中。但是在日常的行政工作中，秦始皇发现了很多问题，感到十分头疼。

文字不统一就是一个大麻烦。在秦始皇统一六国之前，各诸侯国都有自己的文字，五花八门，千奇百怪，人看了直犯迷糊。秦始皇每次看到这些字形各异的公文，都觉得自己在猜字谜，内心估计在咆哮："这写的是啥玩意儿？朕看不懂啊！"这样下去，他的工作效率能高吗？

更搞笑的是，秦始皇用秦国文字颁布命令，各地的官员一看，全都懵了："这是啥鸟语？咱不认识啊！"结果政令难以推行，各地之间也没办法顺畅地交流。

为了改变这种尴尬的局面，秦始皇决定来个大手笔——"书同文"，也就是统一全国的文字。他下令废除六国原来的文字，大家都使用小篆。为啥选小篆呢？因为这种字体整齐漂亮，很上档次，特别符合秦始皇的审美。为了让天下人都能熟悉这种字体，他特别命令丞相李斯、中车府令赵高、太史令胡毋敬三人，分别用小篆编写了三种标准的文字范本（《仓颉篇》《爰历篇》《博学篇》），然后让手下人在全国推行。

但各地的文化传统和方言习惯早就根深蒂固，想在短时间内完全消除是不可能的。

相比之下，秦时源于民间的隶书更加亲民，它的书写效率高，还容易普及。结果，隶书就悄悄地流行了起来。小篆更多是作为官方文字，用在重要的或正式的场合。比如，秦始皇在泰山封禅时留下了《泰山刻石》，字体就是小篆。

不过秦始皇统一文字的想法本身没错，"书同文"确实缩小了不同地区文字使用的差异，让文书往来更加顺畅，也为不同地区互相交流、互相理解创造了机会。而且，小篆对后世文字的演变也产生了深远的影响。

"车同轨"的奥秘

秦始皇不仅想要统一文字,还想统一天下车辆的车轨距离。

有人可能会问,秦始皇生活的时代就有"车"了吗?那当然了!车的历史可悠久了,有资料显示,早在公元前1万年的远古时期,部落首领就已经开始用牛、马来拉动简单的木质运输工具"橇",达到载人载货的目的。到了夏商时期,车辆的制作技术突飞猛进。夏代有个叫奚仲的能工巧匠,对车进行了重大改良,发明了马车,极大地提高了车辆的运输效率和承载能力。

春秋战国时期,车辆的制作技术达到了新高度,优化了车轮、车轴等部件,使车辆行驶更稳定,速度也更快了。马车在此时成了贵族和官员出行的"标配",坐马车出门,是有身份、有地位的象征。马车不仅能用于日常出行,还能在战场上大显身手，可以作为战车冲锋陷阵。此外，牛车的"出镜率"也挺高的，其行驶速度虽然比不上马车，但成本更低，所以也受到了人们的喜爱。

不过，之前各国对于车辆的形制没有专门规定，导致各地的车辆大小不一，车道宽窄各异。秦始皇统一六国后，对这种情况很不满意，规定车辆两个轮子之间的距离一律改为6尺。这一措施不仅减少了因车道宽度不一给行驶带来的不便，还促进了全国范围内的交通统一。这就是历史上有名的"车同轨"。

别小看"车同轨"，它能带来很多实际的好处。比如说，长途运输的时候，马车可以沿着统一的车辙行走，减少了畜力的消耗和车轴的磨损，道路维修和保养也变得更加容易和高效。这样一来，运输效率大大提升，运输成本也降低了，对国家的经济发展是件大好事。

当然，始皇帝还想到了更深层次的问题，通过统一车轨，他能够加强中央集权，国家能够更加高效地调动军队和资源。在军事上，这简直是"神助攻"啊！在经济上，统一的交通网络能加速商品的流通，增强市场的活力。在文化上，各地人民可以更加方便地交流和融合。你说"车同轨"是不是秦始皇的一个大手笔呢？

　　这事儿又一次让我们认识到了秦始皇的远见卓识。秦朝之后，历朝历代都继承了"车同轨"的理念，不断推动交通和文化的统一，为中华文明的延续与发展做出了重要贡献。相信秦始皇如果看到这样的场面，也会感到十分欣慰。

统一度量衡背后的帝国智慧

我国的计量制度已经有几千年的历史了,古人把它称作"度量衡",就是量长短、算体积、称重量的那套玩意儿。原本每个地方都有不同的计量标准,真要说全国一盘棋,统一标准,还得归功于秦始皇。

在秦始皇横扫六国之前,各国有各自的度量衡,乱得跟一锅粥似的。就拿体积单位来说,齐国有升、豆、区、釜、钟等,秦国则是升、斗、桶等,搞得大家丈二和尚摸不着头脑;重量单位更是五花八门,有铢、两、斤、镒等,换算时能把人脑袋算晕。以前大家在各自的地盘,按照自己的规矩计量,问题还不大。可如今国家已经统一,再这么乱下去,别说商人在交易时会遇到麻烦,就连普通人日常买东西也会出现不便,工匠在制作器物时也弄不清标准,所以统一度量衡势在必行!

秦始皇深知统一度量衡的重要性，先是颁布诏书，告诉天下的老百姓："以后大秦的子民得用统一的度量衡标准。"这标准是什么呢？就是商鞅制定的、已经在秦国实施了百余年的度量衡制度。秦始皇还让人制造了一大堆度量衡标准器，发放到全国。这些标准器的造型很有意思，像称重量的秦权（类似于现在的标准砝码），大多是半球形的，能从半两、五斤、八斤等称量到三十斤、一石。量体积的秦量有长方形的铜升，还有椭圆形的铜量、圆钵形的陶量等。近些年来，内蒙古、山东、甘肃、河南等地都出土过秦权、秦量，这证明了秦始皇在自己的辽阔疆域里，确实实现了度量衡的统一。

能做到这一点，是非常不容易的。当年秦始皇为了保证器具标准统一，还制定了严格的检定制度。县里、工室里用的器具，每年都得由官府来校准，以免使用时出现大的误差。小的误差难以避免，但不能超过一定的范围。对此，秦律还有详细的规定，如果器具误差超过某个数值，负责人就要接受处罚，比如"罚一盾""罚一甲"等，所以没有人敢在这事儿上开玩笑。

当然，秦始皇最初统一度量衡的时候，也遇到了不少阻力。阻力主要来自各国的贵族、大商人，他们有的认为统一度量衡会损害自己的利益,有的就是懒得改变旧习惯,所以对统一度量衡百般阻挠。可秦始皇一旦决定改革,就不会受到任何人的影响。

最终,这项政策还是被推行下去了。随着时间的推移,人们都发现了这么做的好处:工匠做东西更方便了,商人谈生意更痛快了,老百姓消费更便利了。这场标准化的革命,不仅让国家经济繁荣起来了,更加强了中央集权,巩固了秦始皇的统治地位。

统一度量衡不仅是中国古代历史上的一段佳话,也是人类文明进步的一个见证。后来的历代王朝,虽然对度量衡的具体标准改来改去,但都遵循了秦始皇确立的统一原则。咱们是不是得向秦始皇这位勇敢的改革家致以崇高的敬意呢?

统一货币：经济大融合的基石

春秋战国时期，各国人员跟"串门儿"似的，经常来回跑，买卖做得热火朝天，对货币的使用需求也大大增加。可问题随之而来，各地的钱有各地的样儿，有的像小刀（**刀币**），有的像小铲（**布币**），还有圆形带孔的（**圆钱**），拿到市场上能把人绕晕，也容易被各国的游商钻空子。货币乱象严重阻碍了各地区之间的经济交流和发展，于是统一和规范货币的任务就被交到了秦始皇的手上。

作为一名"统一"爱好者，秦始皇当然不会坐视不管，他下令给那些五花八门的货币来个"大扫除"，然后规定法定的货币只有黄金和半两钱：黄金是"上币"，主要是上层社会和大额支付时使用；半两钱是"下币"，更接地气，老百姓日常交易就靠它了。这么一改革，市场不仅变得井然有序，交易也顺畅多了。

这里提到的半两钱还有个响当当的名字——"秦半两"。从外形看，它是圆形的铜币，中间有个方孔，整个币面上没有过多的装饰，只在正面一左一右刻上了两个小篆字——"半两"，意思就是这枚钱币的重量是半两。铜钱中间为啥要留个孔呢？据说是为了方便穿绳或者木棍，把钱穿成一串儿，便于携带；而方孔有利于固定，铜钱不会来回晃荡挪动，不容易损坏。

为了确保半两钱不被人偷工减料，秦朝政府想尽了办法。他们不仅大量铸造半两钱，还特地造了些重四两的权钱来当"质检员"——就是用来检测半两钱够不够分量，防止有人造假。当时有明文规定，铸钱这事儿只能是朝廷的专利，老百姓想都别想。

秦朝政府还通过立法管理钱，连怎么换算都写得清清楚楚。比如，湖北云梦睡虎地出土的《金布律》中就记载，十一枚半两钱才能换一布（长八尺、宽二尺五寸）。要是折合成黄金，那也得按法律规定计算，不能乱来。

秦半两的推广不是一帆风顺的。刚开始那会儿，六国刚被统一，局势还不稳，铸钱这事儿一时半会儿也搞不起来。再加上老百姓手里的"老钱"还没用完，新钱就没急着用。不过秦始皇是个有恒心的人，愣是把这事儿给办成了，秦半两最终成为全国通用的货币。

　　这一来二去的，秦半两不仅让市场变得更有序了，还促进了商业的繁荣。它那圆形方孔的样子，也成了后来货币设计的模板，影响了中国两千多年的货币历史。

邮驿之网：信息传递的动脉

秦始皇搞出了一套了不起的邮驿系统，给后世留下了宝贵的"邮政遗产"。

其实这套邮驿系统，在商周时期已经有了点苗头，那时候的人们已经琢磨用各种办法传递信息了。到了春秋战国时期，各国都忙着建设道路和驿站，就是为了把军事情报传得更快些。但真正把邮驿系统大规模整合起来，让它能够规范化运作的，还得是秦始皇。

别看秦王朝在历史的舞台上只存在了短短的15年，可它硬是在全国范围内建成了交通和通信网络。首先是以咸阳为中心，向全国辐射的驰道。其次是为了抵御匈奴而修建的直道，从咸阳附近出发，途经黄河，直抵现在的内蒙古包头附近。其他地方也没落下，比如有通向岭南的新道，以及连接中原、四川和云南的五尺道。这样一来，全国就形成了通畅的交通网，各地的信息传递起来更加快捷。

有了邮路，还得有各种设施、人员。秦朝把列国常用的"遽""驲""置"之类的称呼统一为"邮"。"邮"主要负责长途传递任务，近距离的任务可以采用"步传"，也就是派人步行送递。

政府规划好了路线，负责邮递的人员沿着这些路线，将邮件一站一站地"接力"传递下去即可。沿途每隔一定的距离，还设有供邮递人员休息用餐的地方，被称为"亭""驿"或"传舍"。在秦始皇陵西侧，考古工作者发现了"平阳驿"的残迹。而秦末汉初刘邦和郦食其见面的地方，就是"高阳传舍"。

为了给这套邮驿系统保驾护航，秦王朝还颁布了一系列严格的法律。像《行书律》里就有规定，把文书大致分为两类，一种是要求快送快达的"急行文书"，皇帝诏书这种"VIP快件"就包含在内，得立马送出去，不能耽误片刻；另一种是普通文书，虽然不用那么着急，但也得当天送出去，不能积压，否则也得按法律治罪。特别重要的文书，会由经过训练的专业人员传送，他们经过的地方，任何人都不得阻拦。

为了保证信息传递的安全不泄密，秦王朝还专门做了规定。比如，要求不同的文件用不同的文字书写，防止有人故意伪造。再比如，规定简书一般要在绳结处使用封泥，盖上玺印，这样就能看出途中是否有人私拆过。从这些规定也能看出，此时的邮驿通信制度已经规范化了。

有了这样的邮驿系统，秦朝的中央政府就能源源不断地接到来自各地的奏章简报，同时可以把各项政令快速地传递出去。这样一来，中央集权得到了巩固，政府也能及时了解边防和民间的动静，采取果断措施，维护国家稳定。

所以咱们真得感谢秦始皇，他让古代的通信变得更加方便快捷，还给后世的邮政发展奠定了基础。随着时间的推移，邮驿系统逐渐演变为现代意义上的邮政服务，成为我们日常生活中不可或缺的一部分。

完成统一大业后，为了彰显自己的至高无上，秦始皇选择了"朕"这个字作为自己的专属自称……

他雷厉风行地实施了一系列改革，其中废除分封制，推行郡县制是一个伟大的创举……

他还变身"统一"达人，书要同文，车要同轨，度量衡也要统一。

就连货币也要统一，谁能不佩服他的远见卓识和领导力？！

第五章

旷世工程，
千秋霸业始皇图

长城之坚：千年的守护与见证

很多人都觉得是秦始皇最先修建了长城，可实际上，长城早在西周时期就有了雏形。春秋战国时期，诸侯国彼此提防，各自修筑防御性城墙。比如，山东那地界儿的齐长城，就是齐国为防止邻居鲁国、楚国等突然"串门"而修建的。

不过，按照史学家的研究，第一个把长城升级到"万里"级别的帝王确实是秦始皇。秦始皇统一六国后，为了防御北方的匈奴，下令连接和加固了原有的各国长城。《史记·蒙恬列传》里也有记载，秦长城从临洮（今甘肃临洮），一直延伸到辽东（今辽宁省的东部和南部及吉林省东南部地区），绵延一万多里，真是让人感到震撼的大工程啊！

现在咱们去甘肃、内蒙古溜达，还能瞅见一点秦长城的城墙、关隘呢。这就让人纳闷了，那时候没有钢筋混凝土，秦人咋就把这长城建得这么结实呢？

这就得说说秦人的"黑科技"了。他们修长城，使用的建筑材料多种多样，有砖石、土坯、木材、石灰等，基本都是就地取材，既经济又实用。工匠们还用上了糯米砂浆这个"秘密武器"，就是把糯米煮成胶状，然后和熟石灰、碎沙石搅拌起来，黏结力不是一般地强，可以有效地加固城墙。有的地方，像固原境内的长城，还用厚石片像搭积木那样一层层交错叠压，垒出城墙，稳固得很。在沙漠地段，工匠们还用上了"特殊材料"——把红柳枝条、芦苇和砂粒一层层铺筑起来，建好的长城也很结实。你可能会觉得这些材料挺普通的，可智慧的劳动人民就是利用它们，构筑了长城这个古代奇迹。

再说说秦长城的设计，那也是大师级别的。长城的高度、厚度和宽度都根据当地的地形来设计，山势、坡形等都会被考虑在内，建好的长城有的地方窄得只能过一个人，有的地方宽得能跑马车。远远望去，长城就像一条巨龙，弯弯曲曲的，敌人看了都犯迷糊。长城沿线还设有烽火台，一旦发现有敌人活动的踪迹，士兵就点燃烽火，把军情传递出去。

当然了，长城能建得这么好，还得归功于秦始皇的"严格管理"。他推行了一系列残酷的法规，谁要是敢偷懒，随之而来的就会是极其严厉的惩处。成千上万的士兵和农民被征调来修建长城，都是拼了命地干，生怕一不小心就会受罚。这种高压政策虽然残酷，但也确保了长城修建的质量和进度。而且秦朝实行"物勒工名"制度，就是工匠不管制造什么，都得在上面刻上自己的名字，方便管理者检验产品质量。这样一来，还有谁敢在干活的时候偷奸耍滑呢？难怪长城的质量如此可靠了。

秦长城保存至今，也得感谢后人的保护。虽然秦长城历经千年风雨，部分地段已经风化或损坏，但后世在它的基础上做了不少维护和修建工作。特别是明朝那会儿，更是对长城进行了大规模的扩建和加固，让它变得更加壮观了。国家文物局曾统计出了中国境内历代长城的总长度——21196.18千米，相当于古代的4万多里。相信秦始皇听到这个数字，也会大吃一惊！

孟姜女哭长城：传说还是事实

说起"孟姜女哭长城"的故事，那可是中华文化宝库中的一颗璀璨明珠，也是我国"四大民间故事"之一。那位身世凄凉的孟姜女，来到长城脚下，为亡夫范喜良痛哭不已，直哭得昏天黑地，山摇地动，原本坚如磐石的长城轰然倒塌一大段……这情节充满了传奇色彩，但可惜，它只是个传说，里面的孟姜女也只是艺术加工出的人物。

不过，孟姜女也是有原型的，咱们可以到《左传》里看个究竟。春秋时期，有个叫杞梁的齐国武将被派去攻打莒国，不幸战死沙场。齐人载杞梁尸体返回，杞梁妻哭迎丈夫的灵柩于郊外的道路上。齐庄公派人吊唁。杞梁妻认为自己的丈夫有功于国，齐庄公派人在郊外吊唁，既缺乏诚意，又仓促草率，对丈夫不够尊重，便回绝了齐庄公的郊外吊唁。后来，齐庄公亲自到杞梁家中吊唁，并把杞梁安葬在齐都郊外。

这本来是个挺严肃的事件，也让我们看到了杞梁妻的刚烈性格，但其中并没有提到长城，更没有描写杞梁妻是怎么痛哭的。可不知为什么，后来的著作就开始添油加醋了：《礼记》中记载杞梁妻在迎接丈夫灵柩的途中便开始痛哭，十分凄惨；《说苑》里则加入了"哭倒城墙"的情节；《列女传》中还写道杞梁妻因为过于悲伤绝望，最后投水而死。

到了唐代，这个故事居然和秦始皇时期修筑的万里长城联系起来了，细节也越来越丰富。明清时期，"杞梁"这个名字变成了万喜良或范喜良，杞梁妻也有了姓氏，成了咱们熟悉的"孟姜女"。有意思的是，孟姜女其实并不姓孟。古人一般会在姓前冠以孟（伯）、仲、叔、季来表示排行，所以孟姜女其实姓姜，是姜家的大女儿。

随后就有一些好事者，愣是把秦始皇和孟姜女扯到了一起，说孟姜女哭倒长城后，秦始皇见孟姜女美貌，欲纳为妃，并接受孟姜女提出的三个条件，即披麻戴孝、手执丧杖、为亡夫发丧。最后孟姜女投海而死……可见传说只是传说，不能等同于真实的历史。

尽管如此，咱们也不能否认"孟姜女哭长城"有深刻的文化内涵。长城是秦始皇的功绩之一，但也是无数老百姓用血汗一点点垒出来的。修建长城的地点往往十分偏远，自然环境恶劣。老百姓在修建过程中，不仅要面对繁重的体力劳动，还要忍受寒冷、饥饿等极端条件。他们的饮食、住宿条件都非常差，很多人因此生病或死亡。也有很多人因为无法忍受这种苦难而选择逃亡，导致家庭破碎、社会动荡。孟姜女哭长城的故事，其实是苦难的劳动人民对秦始皇时期繁重徭役和残酷统治的控诉。它用凄婉的故事内核，让咱们在同情孟姜女遭遇的同时，感受到历史的沉重。

史上最大"烂尾工程"——阿房宫

秦始皇不但在政治、军事上表现卓越,还有个有意思的小癖好——搞基建。万里长城、秦始皇陵、秦直道、阿房宫,堪称秦始皇时期的"四大工程"。尤其是阿房宫,号称"天下第一宫",听着就让人心潮澎湃。可你能想到吗,它竟然是个"烂尾工程"!

想当年,咸阳宫里的人口越来越多,先王留下的宫廷就显得狭小了,秦始皇越看越不舒服,决定建一座更加气派的宫殿,而且一定要建得前无古人、后无来者,可以用于举行朝会、庆典,议决国家大事。在渭河以南上林苑的基础上,阿房宫工程轰轰烈烈地启动了。据《史记》记载,仅仅是阿房宫的前殿,规模就大得惊人,能坐得下万人;宫殿也高得惊人,高5丈的旗杆竖在里面都毫无压力。

为了建造这座宫殿,秦始皇可是下了血本,不仅动用了大量的刑徒和劳工，还从四川千里迢迢地运来了木材。唐朝的杜牧在《阿房宫赋》里用夸张的语句写道："蜀山兀，阿房出。"意思是说，为了取木材，把巴蜀山上的林木全部砍伐干净，只留下光秃秃的山头，才能把阿房宫建造出来，这得是多么浩大的工程！

然而，人生充满了意外，秦始皇在东巡途中突然撒手人寰。继位的胡亥（就是秦二世）决定把修建阿房宫的70多万劳工直接赶去修秦始皇陵，阿房宫被暂时"晾"到了一边。等秦始皇陵修得差不多了，胡亥又下令重启阿房宫工程。结果这时候天下已经乱成一锅粥，陈胜、吴广吹响了起义的号角，秦朝危在旦夕，阿房宫工程肯定是没办法继续下去了。丞相李斯等人好心劝说胡亥别建了，谁知胡亥勃然大怒，竟然把他们送去问罪处死。

所谓"天道好轮回，苍天饶过谁"。没过多久，胡亥也迎来了自己的末日，被赵高逼着自杀了。等胡亥死后，阿房宫的建设彻底停止了。杜牧在《阿房宫赋》里写道项羽放了一把火，把阿房宫烧成了一片焦土。可现代考古队考察后发现，阿房宫根本就没建起来，原址上也不像是着过大火的样子。反倒是咸阳宫的遗址上有大片被火烧过的痕迹，看来项羽一把火烧掉的可能是咸阳宫，而不是阿房宫。

不过，阿房宫也不是啥都没留下。它前殿的基址，东西长近1300米，南北宽400多米，高7—9米，规模之宏大震撼了来自世界各地的历史学家、建筑学家。联合国教科文组织实地考察后，也不得不把阿房宫评为"天下第一宫"。咱们不妨大胆地设想一下，要是当年阿房宫真的建成了，得是多么宏伟壮观的超级建筑物啊！

在为阿房宫惋惜的同时，我们也得承认，它的"烂尾"是历史的必然结果。秦朝初建，根基不稳，阿房宫的建造加重了国家的负担，激化了社会矛盾。加之建造过程中存在浪费严重、管理不善等问题，使得阿房宫未能完全竣工。我们应该从中认识到这深刻的历史教训，在未来的建筑与城市发展中，坚持科学规划、严格管理，确保每一项工程都能成为国家发展的助力而非负担！

失踪的十二金人

秦朝的十二金人，是一个十分神秘的历史谜团。《史记》中记载，秦始皇统一六国后，为了防止六国的残余势力搞"小动作"，便下令收缴天下的兵器，把它们熔铸成十二个巨大的金人，放在咸阳阿房宫殿门外。不过，这金人可不是真金的，而是用铜铸成的。由于刚铸成的铜器颜色是金灿灿的，在古时被称为"金"或"吉金"，所以才把它们称为"金人"。

关于秦始皇造十二金人的原因，还有另一种说法。《水经注·卷四》里记载，有十二个身材高大的人出现在临洮。就在这一年，秦始皇刚刚统一了六国，他把这件事当作吉祥的征兆，于是下令收缴天下的兵器，熔铸成十二个金人。不过金人到底有多高、多重，形象有哪些特点，就没人说得清了。据说王莽称帝后，曾经梦到金人站起来哭泣。王莽觉得很不吉利，但又不敢彻底毁坏先朝遗物,就派工匠把金人胸前的铭文凿掉了。这说明金人本来可能是坐姿。东汉张衡亲眼看见过金人的遗骸,还在《西京赋》里用"列坐金狄"来描述,说明金人确实是坐着的,外貌像夷狄。

关于十二金人的迁移,只有在汉朝时从咸阳被搬迁到长安的记录,在董卓进京之前并没有从长安迁出的记录。但金人后来去了哪里,有不同的说法。

有一些学者指出,《三国志》《后汉书》中提到,东汉末年,军阀混战。董卓进京后,为了敛财,下令把金人熔了,铸成"小钱"投入市场,引起物价飞涨,市场一片混乱。直到第十个金人被毁后,董卓被部将杀死,剩下的两个金人得以保存,被移到宫门外,任凭风吹雨淋。可董卓毁掉的铜人真的是秦始皇所铸的十二金人吗?《关中记》中则提到,三国时期,魏明帝想把两尊金人运到洛阳去,但因为实在是太重了,只好把它们遗弃在长安灞桥东部的霸城。东晋十六国时期,后赵皇帝石虎命人把金人运到了邺城,后来前秦皇帝苻坚最终将它们销毁了。另一种说法是,十二金人被当作随葬品葬于秦始皇陵中。

最终,十二金人彻底消失在历史的尘埃中,给后人留下了无尽的想象。不过话说回来,这金人虽然没了,但它们也算是秦汉时期最大的青铜器,当时铸造业的水平真是让人震惊!可惜啊,咱们现在只能在史书和传说中去追寻它们的影子了。

秦直道：最早的"高速公路"

你知道吗？早在秦代就有"陆路交通网"了，其中最重要的组成部分就是大名鼎鼎的秦驰道和秦直道。

秦驰道可以说是国道的鼻祖，它以咸阳为中心，通往全国各地，四通八达。根据《汉书·贾山传》的记载，驰道在平坦的地方，宽度可达到50步（约69米），道路两旁还栽种着绿油油的树木，看上去是那么神气。有了驰道，秦始皇巡视天下的时候，肯定觉得特别有面子。

至于秦直道，更多是用于军事方面。它从陕西咸阳附近的云阳（今陕西淳化县西北）出发，直达九原郡（今内蒙古包头市西），全长700多公里，看上去颇为壮观。这条路是秦始皇为了防范北边的匈奴，特意派大将蒙恬带着30万大军和民夫，花了2年时间修建的。在秦直道上驾车不仅速度快，还能运兵运粮，是秦朝北方的"生命线"。

这些2000多年前的"公路",虽然历经风雨侵蚀和人为破坏,却仍有部分遗址留存,仿佛在诉说着当年的辉煌。特别是秦直道,直到现在还有一些路段能正常使用,着实让人惊叹。那么,秦直道为什么这么牛呢?

首先,秦直道的技术含量可不低。它的路面采用斜坡设计,路中间还微微拱起,就像是个"小蛮腰",排水效果一流。路面中间还铺上了碎石,这是考虑到了驮货的骡马、驴子的行走特点,真是细心到家了。遇到靠河、靠沟的路段,还设计了瓷实的斜面护坡,安全性更有保证。

其次,秦直道的"内功"也很了得。秦人把泥土碾碎,放在大锅里炒,或是用火烧焦,以去除土中的野草种子和养分,彻底改变土质。用这样的熟土来铺路,不但更加坚固,还不容易长草。

还有,秦人为了使道路整体稳定,还运用夯和碾两种工具,对道路进行持续不断的夯实。这就像是给道路做"按摩",能让土层的密度进一步提高,达到更加稳定的效果。

当然,在修建秦直道的过程中,蒙恬对工程的监督也是一丝不苟,再加上秦朝实行严刑峻法,哪有人敢随随便便偷工减料、减少工序?这也让秦直道的工程质量更加过硬。

秦朝虽然短命，但秦直道却得到了后世朝代的重视和维护。汉朝、唐朝时期，秦直道都是重要的交通和军事要道，像西汉的李广便是通过秦直道进击匈奴，唐朝的李世民也屡次通过秦直道行军征伐突厥。秦直道得到了历代很好的保养和修缮，这延长了它的使用寿命，直到清朝才逐渐荒废。

秦直道之所以能用2000年，正是因为它是劳动人民智慧与汗水的结晶。而且它的修建不但实现了军事目的，还推动了南北方的贸易往来和文化交流。尽管秦始皇为它背上了"劳民伤财"之类的骂名，但谁都不能否认它有着巨大的价值，让后人受益匪浅！

秦始皇陵：神秘的地下王国

唐朝大诗人王维曾经写过一首《过始皇墓》，让人们感受到了秦始皇陵的华美和精致。诗里有这么几句："古墓成苍岭，幽宫象紫台。星辰七曜隔，河汉九泉开。有海人宁渡，无春雁不回。"秦始皇的墓穴像一座地下宫殿，里面有明珠做的日月星辰，水银做的江海，金银做的大雁，可谓奢华到了极点。

那么，现实中的秦始皇陵真的有这么气派吗？

作为中国第一位皇帝嬴政的寝陵，它的建造是下了血本的。嬴政把地址定在四季常青、景色优美的骊山脚下，从自己13岁刚即位起，就开始修建这座陵墓。一直到秦二世二年（公元前208年），陵墓工程才算勉强竣工，总共历时39年。据说当年从各地征发了72万人来参与修建，用工人数之多、持续时间之久是前所未有的。

那么这陵墓有多大呢？地宫的总面积达到了56.25平方公

里，相当于78个故宫那么大。陵冢更是不得了，现高51米，底边周长1700多米，远远望去，就像是一座小山丘。

陵墓布局是比照着咸阳宫建造的，共内外两重城垣，城垣四面还有高大的城门，像一个小型城市。内城里头偏南的地方，就是陵墓的核心部分——秦始皇陵冢，包括地上的封土堆和地下的宫城（地宫）。王维描写的就是地宫里的情景，在那里，能工巧匠用各种机关和灯火来模拟自然界的景象，打造出了一个"地下王国"。但因为种种原因，直到现在，地宫也没有被发掘，咱们只能通过历史文献和现有的科技手段大概推测出它的样子。

陵冢周围有大大小小的陪葬墓和陪葬坑，现在已经探明的有400多个，其中最有名的就是兵马俑坑。

目前已经发现的兵马俑坑共有3座，分别展示了不同的军阵和兵种，其中陶质兵马俑、木质战车和青铜兵器等应有尽有，看得人眼花缭乱。更有制作精良的两乘大型彩绘铜车马，有"青铜之冠"的美誉。

最吸引人的还是那些神态各异的陶俑，它们的头发是一根根刻出来的，眉眼口鼻每一处细节满满……有的陶俑连额头上的抬头纹、鞋底的针脚都能看得一清二楚！

秦始皇兵马俑是当之无愧的"世界第八大奇迹",名声早就响彻海内外了。咱中国人只要想到它们,心中就会充满骄傲和自豪,因为这不但是中国伟大的艺术杰作,还是世界的文化瑰宝。

解不开的地宫水银之谜

民间有传闻说，秦始皇陵中有大量的水银，总量有100吨之多。2002年4月，考古学家首次对秦始皇陵进行了"地下探险"，用了整整1年时间，才摸到了一点"门道"——发现地宫的封土堆上汞（俗称"水银"，常温下是银白色闪亮的液体）含量超标严重，这说明秦始皇陵的地宫中水银含量还真不少。但具体含量是多少，现在还没办法进行精准测量。

那么，秦始皇陵里为什么会有这么多水银呢？咱们可以到《史记》里找找答案。司马迁是这么写的："以水银为百川江河大海，机相灌输……"意思就是，用水银做成了百川、江河、大海的样子，用机械相互灌注流通……想想看，这画面是多么壮观。秦始皇大概是想通过这种方式，把天下的江河湖海的样子模拟出来，构建一个与现世相似的死后世界，继续彰显他一统天下的霸气。

当然，在古人看来，水银不仅能装点地宫，还有很多独特的妙用。比如，古人认为水银有很好的防腐作用，能有效地保护墓主人的尸体和陪葬品不被腐蚀。所以秦始皇让人往陵墓里灌了不少水银，想让自己死后也能"永葆青春"。这倒不是他的首创，春秋时齐桓公的墓中就有水银池。

水银还能发挥防盗的作用。因为水银容易挥发，还有剧毒，一旦有宵小之徒闯入陵墓，就会吸入有毒的汞蒸气，性命会有危险。因此，加入水银后，秦始皇的陵墓就安全多了。

说到这里，有人可能会问，这么多的水银是从哪儿来的呢？其实，在秦朝以前，人们就已经从丹砂（*汞的主要矿物原料，也叫辰砂、汞沙*）里提炼水银了，而且技术还挺成熟的，像战国末年有名的女富豪巴寡妇清就是靠这方面的生意发财致富的。建造秦始皇陵时，巴蜀、陕西旬阳等地由于汞矿资源多、生产技术发达，就成了水银的供应地。这些水银通过发达的运输网络，经过长途跋涉来到皇陵，经过工匠们的精心布置，最终形成了陵墓内壮观的水银景观。虽然地宫尚未被完全发掘，但我们可以通过想象感受地宫的壮观。

古代第一女实业家：巴寡妇清

巴寡妇清的名字是"清"，"巴"指的是巴郡。她的故事，简直可以媲美现代的商业大片。

巴寡妇清的家族在丹砂界赫赫有名。丹砂这东西能当染料、药物，相传还是秦始皇炼制"不老仙药"的重要原料。更神奇的是，丹砂经过加热提炼后，就成了水银，而水银是秦始皇陵寝里的"必备良品"。

手握着开采和冶炼丹砂的"独门秘籍"，巴寡妇清自然能够在商海中混得风生水起。据说她的家产折合成白银，能有8亿万两之多！《史记·货殖列传》里记录了春秋战国时期的大企业家，像范蠡、子贡、乌氏倮等，都是当时响当当的商界人物，而巴寡妇清是这个"富豪榜单"里唯一的女性。秦始皇发现，巴寡妇清不是一般的角色，其家族产业大得吓人，财富多得数不清，所以对她相当客气，还特意给她修了个"女怀清台"，以表彰她的贞洁和贡献。

不过，秦始皇看重巴寡妇清，可不仅仅是因为她有钱。秦始皇的母亲赵姬的所作所为，给他留下了"心理阴影"；巴寡妇清却完全不同，在丈夫去世后，她愣是没有再嫁，而是一门心思经营家族产业，为了保护自家的矿坑、商路，她还花钱请来了众多"保镖"，防止他人侵犯。秦始皇了解了她的事迹后，不禁肃然起敬，还将她誉为"贞妇"。

当然也要看到，巴寡妇清背后的地主豪强势力是秦始皇不能忽视的。《地舆志》《舆地纪胜》《州府志》等史料中记载，当时其家族所在地人口只有5万，而她家竟然有僮仆1000多人，私家保镖2000多人，还有上万名依附者，简直就是一个小王国。而秦始皇正在试图完成统一大业，既需要大量的财富支持，又需要后方保持安定，所以对巴寡妇清这样的豪门大族，他会实行一些优待和安抚的政策。但是在秦统一六国后，秦始皇就换了副面孔，开始收缴地方豪强的私人武装，还把他们都迁到其他地方去。其中有12万户被迁到了咸阳，里面就包括巴寡妇清。国家为这些人修建了宫殿，便于对他们进行监督和控制。

所以，巴寡妇清能得到秦始皇的重视，并不是偶然的。她既有强大的家族产业作为后盾，又有出色的商业才能。更重要的是，她坚守贞节，符合秦始皇对女性的理想标准。

兵马俑制作大揭秘

古代社会存在残忍的活人殉葬制度,在殷商时期十分流行。到了春秋战国时期,活人殉葬的现象逐渐减少。而在公元前384年,秦献公在秦国废除了这项落后的制度。秦始皇虽然经常被人称为"暴君",却继承了秦献公的做法,不用活人殉葬,而用陶俑来替代真人。

每一个亲眼见过秦始皇陵兵马俑的人,都会被那场面震撼得目瞪口呆,仿佛穿越了时空,目睹了秦朝大军的雄壮与威严。那排列整齐、栩栩如生的陶俑陶马,不仅展示了秦朝军事力量的强大,更体现了秦代工匠精湛的技艺。

那么,2000多年前的工匠们到底是怎么制作兵马俑的呢?

咱们先来看看兵马俑的原材料,主要是秦始皇陵附近的黄土。这可不是一般的土,它质地特别细腻,还有很好的黏性,用来制作陶器十分合适。聪明的工匠们还在黄土里加了点"特殊原料"——石英砂,这样土质会更坚实。

接下来,就是具体的制作流程了。第一步,先塑造大概的样子出来,也就是"粗胎"或"初胎"。第二步,就是在粗胎的基础上搞"精装修"——加点修饰,刻画细节,让粗胎的效果更逼真。最后一步是组装,把单独做好的头、手、身子往一块儿拼合,一个完整的陶俑"大型"就诞生了。

没看明白？别急,咱们不妨近距离观察一下俑头是怎么做出来的。工匠们先把俑头分成前后两半,用模具做好,然后把头部粘接在一起,头的粗胎就做好了。下面开始做细活,给粗胎上贴好泥捏的耳朵、发髻、发辫等,再小心地刻画眼睛、鼻子、嘴巴、胡须、头发……这些都是技术活,得用专业的手法,不能简单地"复制粘贴"。最后做好的陶俑都有自己的"样貌",几乎找不到两个长得一模一样的。

制成的陶俑"大型"得先阴干,然后放进窑里,用1000摄氏度的高温焙烧,出炉后就变得硬邦邦了。不过这还不算完,工匠们还得给一件件陶俑做彩绘。虽然咱们现在看到的兵马俑大多是"灰扑扑"的,可在当年,它们的颜色都十分丰富艳丽。就说上身着装的颜色,便有绿色、红色、紫色、蓝色、白色等,每种颜色还有深浅之分,像红色就有朱红、枣红、粉红等的区别，领口、袖口、衣襟也是彩色的。裤子的颜色也不少，看着就喜庆。可惜的是，经过2000多年的深埋，陶俑的颜料早就变质了，出土后接触到空气，由于氧化作用和湿度变化，马上就会褪色。因此大部分陶俑的彩绘都已经脱落了，只有少数陶俑上还能看到一些残留的彩绘痕迹。近年来，随着文物保护技术的进步，考古学家已经开始尝试对兵马俑进行彩绘保护，以恢复其原有的色彩。

除了陶俑，陶马的制作工艺也十分讲究。陶马有战车用的车马、骑兵用的鞍马，制作工序与陶俑相似，也是先做成粗胎，再精心修饰、雕刻细节，阴干后入窑焙烧，最后来个彩绘"美妆"，才算大功告成。

秦始皇陵里的兵马俑都是工匠们的心血结晶，从原材料选择到作品完成，每一步都独具匠心。咱们是不是也得给工匠们点个赞呢？

未解之谜：秦始皇陵为何无法发掘

秦始皇陵作为中国历史上第一位皇帝的陵寝，从修建的时候就充满了神秘和传奇色彩。

你瞧瞧，那陵墓规模宏大，像个小城市似的，里面的设计格外精巧，不知道藏着多少奇珍异宝和历史秘密，无数考古学家对此心动不已。可是，秦始皇陵虽然早已被发现，但直到现在也没有被全面发掘，这到底是为什么呢？

咱们首先得知道，秦始皇陵里结构复杂，还安装了重重机关。司马迁在《史记》中提到，秦始皇陵里有"机弩矢"，一旦被触动，就会自动射出弓弩。另外，还有和"机弩矢"配合的陷阱等设施。倘若有人敢来打扰始皇帝的清净，即使不被弓弩射死，也会掉入陷阱中。因此，在没有充分掌握地宫结构和机关布局的情况下，不敢贸然发掘，否则触发了各种机关，导致人员伤亡和文物损毁就太不值得了。

而且，秦始皇陵里藏有大量的水银，在发掘过程中如果处理不当，这些水银很可能会大量挥发，形成剧毒的汞蒸气。到时候不光发掘人员有生命危险，周边的人和环境也得遭殃。这种生态灾难级别的风险，也是考古学家不敢轻易触碰秦始皇陵的重要原因之一。

同时还得考虑，秦始皇陵里的那些"宝贝"是否经得起大规模发掘带来的影响？尽管现代科技日新月异，但在文物保护方面，各种各样的挑战还多着呢。秦始皇陵内的文物在地下无氧环境里已经待了数千年，早就习惯了"无氧生活"。如果非要把它们挖出来，它们接触到空气，说不定瞬间就会氧化损毁。这真不是在开玩笑，秦兵马俑在刚出土时还有鲜艳的颜色，但很快就氧化褪色了，考古学家对此十分惋惜。所以大家达成共识，在技术水平还没到位，还不能保护好这些"宝贝"的情况下，还是继续让秦始皇陵"沉睡"吧。考古学家现在更倾向于用高科技手段，如遥感探测、地面勘探等，来远远地看看这座"大别墅"里到底有啥。这样既不会打扰到秦始皇的"美梦"，又能保护秦始皇陵这座古代文明的大宝藏。

不过，咱们得相信，科技是不断进步的，考古技术也会越来越牛。说不定哪天，咱们就能揭开秦始皇陵的神秘面纱。到时候，不仅能亲眼看到这地下宫殿的壮丽景象，还能深入了解秦朝的历史和文化，感受那个时代的辉煌。当然，这一切都得在尊重历史和文化的前提下进行，这样才能确保所有的"宝贝"都能安全、完整地展现在世人面前。

灵渠:"水往高处流"的奇迹

秦始皇统一六国后不愿"闲着",整天琢磨如何扩大版图。这不,他把目光对准了岭南地区,派遣大军南征百越。可岭南那地方山多路窄,运个军粮比登天还难。这也难不住秦始皇,他考虑到岭南水网丰富,当即决定开辟水路,解决运输难题。于是,开凿灵渠这个大胆的想法就诞生了,目标是连接湘江和漓江,从而沟通长江和珠江两大水系,打通南北"水上通道"。但湘江和漓江,一个低一个高,如何设计才能实现"水往高处流"呢?

秦朝的巧手工匠们很快就解决了这个难题,他们"脑洞大开",设计了一整套十分精妙的分水工程,愣是把不可能变成了可能。

咱们来近距离观察一下灵渠的神奇构造:它全长36.4公里,重要的设施有铧嘴、大天平、小天平、南渠、北渠、陡门等,这些部分是环环相扣的,缺一不可。

先说这铧嘴。它看上去像个巨大的犁铧,横在南渠和北渠的交汇处,能改变水流的方向,让部分江水乖乖"听话",顺利地分流进南渠。大天平和小天平是两个摆成人字形的拦河坝,它们就像两位"守门员",既能阻挡水流,又能抬高水位,让江水"三七开",分流到南北两渠。

最关键的部分来了,那就是工匠们在南渠和北渠上设置的多个陡门,就像现在的分级船闸一样,当船只进入两个陡门之间时,人们可以关闭或打开前面的陡门,让水位抬升或下降,船就会像坐电梯似的顺势改变高度。就这样一节节调整,船就能优哉游哉地"爬"上高处或下到低处,简直太聪明了!

当然,灵渠的航道设计也是一绝。工匠们把水流和水位的变化全都考虑在内,把南渠的航道设计得弯弯曲曲的,这样就能大大增加航道的长度,减缓水流的速度,船想要从低处"爬"到高处就会更容易。

灵渠这一建,好处太多了。粮草可以通过水路源源不断地运到岭南,秦兵们吃饱喝足,一鼓作气,岭南就归了秦朝。更值得称赞的是,灵渠让华东、华南的水运网连成了一片,南北互通更频繁了,各地人民的交流更方便了,让人不得不佩服秦始皇的眼光和魄力。

在秦朝以后，灵渠经过很多次修整，仍然发挥着重要的作用。2018年，它还光荣地入选世界灌溉工程遗产名录，真不愧是"世界古代水利建筑明珠"！

这长城，定要固若金汤！
秦始皇，人送外号“基建狂魔”，长城、阿房宫、秦始皇陵……一个接一个，根本停不下来！
你们可得加把劲，这阿房宫可是要载入史册的！
阿房宫，本应享有“天下第一宫”的荣耀，结果却成了秦始皇未竟的梦想。
朕的陵墓，定要成为千古奇观！
秦始皇陵，这座沉睡了两千多年的地下宫殿，不知道藏着秦始皇的多少秘密，让人无限遐想……
朕要让这天下都感受到我大秦的路，是何等的宽广与畅通！
秦直道和秦驰道、大秦的交通网络，都是秦始皇引以为傲的千秋伟业！

第六章

秦始皇
到此一游

巡游四方：秦始皇的壮志与情怀

据《史记》统计，秦始皇统一天下后，曾先后五次巡视全国，足迹遍布大部分的秦帝国版图。就连他最终去世，也是在巡游的路上。难道他真是"旅游达人"吗？他四处巡游就是为了观赏风景，获得乐趣吗？如果你这么想，可就把始皇帝看得太简单了。

秦始皇的巡游意义很丰富，咱们得细细品味。先来看看政治方面的意义。秦始皇虽然统一了天下，心里却不踏实，总担心那些被灭掉的国家会在背后搞"小动作"。再说了，这个帝国是如此庞大，总有他管不到的地方。所以他决定亲自出巡，经常到以前六国的领地走一走、看一看。比如，他常去以前齐国的领地巡游，为什么？因为齐国是当年最后被灭亡的国家，而且齐国是不战而降，人力得到了保存。秦始皇可能会想："这帮人会不会不服从我的统治呢？"所以，他亲自出马，让当地官员和百姓看看大秦帝国有多么强大！他还喜欢"刻石颂功"，在巨石上记录自己的成就，展示秦朝的威严，好像要告诉天下所有人：看，朕统一了六国，是不是特别伟大？此举不仅增强了秦朝的凝聚力，还吓得那些想反秦的势力不敢贸然行动。

从军事上看，秦始皇的巡游路线都是经过精心挑选的。他经常往北方的边境地区跑，因为那里是秦朝抵御匈奴的门户，一定得守好。他经常过去巡查一番，看看边防是否稳固，士兵是否有斗志，这样才能更好地制定国防战略，保卫家园。

从秦始皇的性格来看，他是个实干家，不怕辛苦，啥事儿都喜欢亲自上阵。巡游对他来说，是实地考察民风民情、了解地方政绩、考察任免地方官员的好机会。这一路走来，他既饱览了大好河山，也体验了人间百态，不禁乐在其中。

当然，秦始皇巡游也有一点点个人追求在里面。比如，他对死亡有着极大的恐惧，总是渴望长生不老，甚至能够成为传说中的"真人"。因此，他广泛招募方士、派遣使者，寻找能令人长生不老的仙药。而在巡游的过程中，他常去祭祀名山大川，表现得十分虔诚。他还前往海滨地区，似乎想要碰碰运气，找到徐福等方士所说的仙山，可惜努力了很长时间，却连仙山的影子都没见到。或许是为了弥补心中的遗憾,他下令在兰池(秦始皇命人引水造的池)里造了三座山,取名为蓬莱、方丈、瀛洲,给自己找点心理安慰。有趣的是,汉武帝也模仿他的做法,在建章宫北面的太液池里建了蓬莱、方丈、瀛洲三个岛,真是"英雄所见略同"啊。

现在懂了吧,秦始皇的巡游不仅仅是说走就走的旅行,还是充满智慧与策略的"帝国巡礼"。咱们这位始皇帝,真是个了不起的人物!

封禅泰山：帝王的荣耀时刻

公元前219年，秦始皇开始了第二次巡游。途中，他带着文武大臣，浩浩荡荡地奔赴泰山，准备举行一场封禅大典。

说到"封禅"，咱们先来科普一下，这不是普通的春游、秋游，而是古代统治者祭告天地的重大仪式。"封"就是在山顶筑坛举行祭天仪式，"禅"则是在山下举行祭地仪式。

选择在泰山封禅，那是有原因的。泰山是五岳之首，自带神圣光环，是历代帝王祭天的首选之地。据说在上古时代，泰山周围的部落就搞过原始的祭天仪式。到了春秋时期，齐桓公也想泰山封禅，却被管仲以祥瑞不现（"今凤凰麒麟不来，嘉谷不生，而蓬蒿藜莠茂，鸱枭数至，而欲封禅，毋乃不可乎？"）的理由给撑回去了。鲁国的季孙氏也想来凑热闹，结果被孔子一顿嘲讽，说他资格不够。由此可见，不是什么人都能去泰山封禅的，没有一定的文治武功作为支撑，妄想封禅只会遭到别人的嘲笑。

秦始皇有泰山封禅的资格吗？答案是肯定的！统一六国的伟大成就，让他成为名副其实的真命天子。他举行封禅仪式，一方面是对自己功绩的肯定，相当于一场豪华的"自我表彰大会"。另一方面又能昭告天下："看，朕才是真命天子，你们都得听朕的！"这样既展示了自己的权威，又增强了六国贵族及百姓的敬畏和认同感，可谓一举两得。当然，泰山封禅也有浓厚的宗教色彩，能够表达对天地神灵的敬畏和祈求。

秦始皇迫不及待地开启了泰山封禅的旅程。他先是在众人的簇拥下来到峄山（**今山东邹城市境内**），在山上立石铭记不朽的功业，好像是在昭告天下人："朕完全具备封禅的资格，和齐桓公、季孙氏那些人是完全不一样的！"

接下来，秦始皇来到泰山脚下，把当地的儒生博士召集起来，有70多人，主要是让他们给自己出出主意，看怎么举行这场封禅大典。结果这些儒生博士有的告诉秦始皇："皇上得用蒲草把车轮子包起来，免得把山上的草木压坏了。"有的说："皇上扫出一块地祭祀就行了，简单又省事。"秦始皇一听就变脸了："朕可是要展示'席卷天下，包举宇内'的霸气，谁让你们整这些小家子气的东西？"他一气之下，贬退了这些儒生博士，自己率领文武大臣上泰山封禅去了。

秦始皇自己定了一套封禅的规矩，还命人把上山的路修得整整齐齐。他选择从泰山的南面上山，到了山顶后，就举行了一场盛大的封礼，还立了块大石碑，在上面刻文歌颂自己的功德。接着，他又从泰山的北面下山，到附近的梁父山上行了禅礼。其间虽然遭遇了暴风雨，过程不太顺利，还遭到了儒生们的讥讽，但秦始皇并没有惩罚他们，这展现了他非同一般的宽容和仁慈。

总的来说，泰山封禅之后，秦始皇的统治地位更加稳固了，泰山也成为后世帝王追崇的封禅之地，汉武帝刘彻、汉光武帝刘秀、唐高宗李治、唐玄宗李隆基、宋真宗赵恒都曾经封禅于泰山。但宋真宗被认为是最名不副实的一个，拉低了封禅的档次，导致在他之后，帝王们对泰山封禅的热情逐渐减退。到了明清时期，封禅活动已经基本停止，泰山则成为文人墨客游览和题咏的胜地。

荒唐的"伐树赭山"事件

秦始皇巡游四方,途中发生过不少引人入胜的故事,"伐树赭山"就是其中之一。

这件事还是司马迁记录在《史记》里的。说的是公元前219年,秦始皇在第二次巡游时,到了湘江,突然遇到大风,船差点翻了。随行博士也不知道怎么想的,居然告诉秦始皇,说湘山祠里供奉的是湘君,也就是尧帝的女儿、舜帝的妻子。秦始皇觉得这个小神仙在跟自己较劲儿,不禁勃然大怒,下令让三千名刑徒把湘山上的树木全砍光,因红色的土壤裸露,湘山变成一座红色的秃山。

这事听起来充满了传奇色彩,那么它是否真实可信呢?近些年,考古学家发现了不少新的史料,让事情变得扑朔迷离。在收录岳麓秦简的图书《岳麓书院藏秦简(伍)》里,有一份名为"秦始皇禁湘山诏"的文献,其中记载的内容与《史记》

中记载的大相径庭。这份文献表明,秦始皇到湘山时,看到山上树木繁多,景色优美,立马下令:"谁也不许砍这山上的树,咱得保护自然环境。"

那么,秦始皇是否真的在湘山砍树了呢?要解答这个问题,得先了解秦始皇的为人。他有胆有识,手段强硬,热衷改革,但并不是那种一言不合就大开杀戒的暴君。咱们前面也说过了,他在位时,做了不少利国利民的好事儿,像书同文、车同轨、统一度量衡、修建灵渠等。这么一位英明的君主,在做出每个决定之前,肯定都得先考虑是不是有利于国家的稳定和发展。如果真的因为一时生气,就给湘山剃了个"秃头",那不是自毁形象和威望吗?对于刚统一六国、需要稳定局势的他来说,这可不是什么明智之举。

再者说,湘山上供奉的湘君在民间也是有一定地位的。秦始皇是个有文化的人,还有点"迷信",对民俗文化和民间信仰还是挺尊重的。面对湘山这样的文化圣地时,不太可能做出这么冲动的事情。

当然,我们也不能因此就说《史记》里的故事是瞎编的。毕竟,司马迁是一位杰出的历史学家,他的《史记》被誉为"史家之绝唱,无韵之离骚"。他在撰写《史记》时,不但考察了诸多的史料,还做过实地考察,他记录的信息肯定是有来源的。但咱们换个角度想想,假设他听到的故事是楚地流传的版本,而当地人民可能对秦始皇意见很大,给他编点负面材料也不一定。

所以,"伐树赭山"这事儿真假难辨,但它就像一面镜子,让我们看到秦始皇这个人的多面性。他既是一位雄才大略的君主,又是个有血有肉、情感丰富的人。想要知道更多关于他的真相,就得综合多方面的证据,小心求证,这样才不会得出片面的或错误的结论。

秦始皇与胡亥：父子情深还是政治选择

大家都知道，大秦帝国的覆灭和胡亥这个不肖之子有分不开的关系。可在自己的子女中，秦始皇偏偏最宠爱胡亥，就连外出巡游也要带上他，这到底是因为什么呢？

首先，胡亥是秦始皇的第十八子，小时候有点顽皮直率，还有点小天真。《贾谊新书》《新序》等古籍记载，有次秦始皇宴请群臣，把美味佳肴赏赐给了儿子们，让他们先行退下。别的儿子的行为都很规矩，胡亥却表现得很不老实，他看到外面摆着大臣们的鞋子，一时兴起，就上去踩了个遍。

这事儿要是放别的儿子身上，那可能得挨顿骂。但胡亥这么干，秦始皇却还觉得挺逗，心想：这孩子，真是活泼可爱！胡亥小时候无拘无束、天真无邪的性格，在严肃的宫廷环境中可能会被视为一种难得的童趣，从而赢得了父亲的欢心。

还有，胡亥看上去似乎没有什么城府，也没有政治野心。

他可能也知道自己年纪最小，皇位怎么着也轮不到自己，所以整天乐呵呵的，没啥大抱负。这在秦始皇看来，那就是省心啊！毕竟，秦始皇对权力看得很重，他可不希望儿子们整天惦记自己的位置，或是为了皇位争得你死我活。胡亥这种看似"无欲无求"的状态，反而让秦始皇觉得他很特别，对他很放心。

当然，秦始皇宠爱胡亥，可能还有一点补偿心理。胡亥小小年纪就失去了母亲（据现代一些史学家推测，胡亥的母亲可能很早就去世了），秦始皇对他肯定得多几分怜爱。

也正是因为疼爱这个儿子，秦始皇在百忙之中，还不忘亲自为他指定授业老师，比如让赵高教他狱律法事。"三十七年冬十月癸丑，始皇出游。左丞相斯从，右丞相去疾守。始皇二十余子，少子胡亥最爱，请从，上许之。"外出巡游的时候，秦始皇也会带上胡亥。这种陪伴，无疑加深了父子之间的情感。

不过，秦始皇虽然宠爱胡亥，并不意味着就想把皇位传给胡亥。他可能只是在家庭生活中，对胡亥这个小儿子多几分偏爱而已。可他并没有意识到，自己的过度溺爱会让胡亥不知不觉"长歪"，而朝臣们也会揣摩他的态度行事，从而引起了后来的一系列祸事。所以说，作为父亲，对子女一碗水端平还是十分有必要的。

博浪沙的惊天一击

秦统一天下后，对秦始皇怀恨在心的六国贵族不在少数，张良就是其中之一。张良出身于韩国贵族家庭，祖父、父亲都当过宰相，家族不可谓不显赫。然而，天有不测风云，在秦始皇的强势统一下，韩国迅速灭亡，张良也失去了贵族的身份和地位，他的家族更是遭受了重大损失。这换谁心里能平衡啊？于是，张良决定刺杀秦始皇，报仇雪恨。据《史记》《汉书》中的记载，张良甚至没有厚葬弟弟，就投入所有的家财寻访能人义士，帮自己完成复仇大业。

经过一番波折，张良终于遇到了沧海君（《史记》等史料中也称"仓海君"）。这位沧海君可不是一般人，他是东夷濊国（古代朝鲜半岛东部的小国）的君主，手下有很多能人异士。当时有不少中原人士为了逃避徭役和战乱，逃亡到朝鲜半岛，其中就有不少韩国人，他们对秦国怀有深仇大恨，对于张良的遭遇能够感同身受。所以当张良向沧海君倾诉了自己的家世和复仇的决心后，沧海君当场表示支持。

在沧海君的帮助下，张良找到一位大力士，此人身躯魁梧雄伟，相貌堂堂，力大无穷。张良对他格外优待，引作知交，还特意为他打造了一把重达120斤的大铁锤，准备趁着秦始皇出巡时砸毁他的车驾。

就在这个时候，秦始皇开始了第三次东巡。张良得知这个消息如获至宝，急忙研究刺杀方案。他选中了博浪沙（今河南省原阳县东郊），这里地势不平坦，秦始皇的车队经过时得放慢速度，并且周围生长着茂密的芦苇，便于掩藏身形。更妙的是，这里北有黄河、南有官渡河，便于完成任务后从水路逃跑。

张良和力士在博浪沙埋伏了下来。终于，秦始皇的车队来了，他们俩屏住呼吸，做好了动手的准备。只见力士纵身跳出，一铁锤猛砸过去，果然砸中了一辆马车……可他们没有想到，秦始皇为了防范刺杀，提前准备了多辆副车，每辆车都是同样的装扮，很有迷惑性。力士砸中的是其中一辆副车，秦始皇本人毫发无损，只是吓了一跳。

张良和力士见计划败露，赶紧趁乱逃跑，这场刺杀行动最终以失败告终。事后，秦始皇下令在全国范围内缉捕刺客，却始终没能找到两人的踪迹。

虽然刺杀没成功，但张良的勇气和决心还是让人佩服。而那位沧海君，虽然历史上没有留下太多关于他的记载，但他在这场刺杀行动中扮演了非常重要的角色，可以说是一位幕后英雄。他的出现，也为这场刺杀行动增添了几分传奇色彩。

诡异的"荧惑守心"现象

在"天人合一"的古老哲学里，咱们的老祖宗总是觉得，天和人是相互影响的：就像人间的帝王做错了事，上天就会用一些不祥的征兆来进行警告；相反，帝王把国家治理得政通人和、国泰民安，上天又会降下祥瑞来鼓励一番。

在众多的天象征兆里，"荧惑守心"常常被古人当成大凶之兆，认为这种天象出现，不是代表战争来临，就是预示着帝王即将驾崩。"荧惑"其实是古人对火星的称呼，在古人的眼中，火星颜色像火，亮度和位置经常变化，给人一种难以捉摸的印象，所以就有了这个名字。

至于"心"就是二十八宿里的心宿二，古代称之为大火，象征帝王。古人如果观测到火星运行到心宿附近并"停留"下来，就说这是"荧惑守心"。这种现象是很罕见的，古籍中有记录的也就二三十次。公元前211年，也就是秦始皇去世的前一年，就出现了"荧惑守心"，搞得人心惶惶。

可现代天文学家告诉我们，"荧惑守心"没啥奇怪的。火星和地球都绕着太阳公转，公转速度不同，轨道周期不一样，相对位置就会不断变化。但古人还不懂那么多行星运行规律，也没有天文望远镜等设备，就会觉得这种现象很神秘，甚至还会用"上天的警告"来解释一番。

说来奇怪，公元前211年除了"荧惑守心"，还出了不少怪事。《史记》中记载有颗流星一下砸到东郡，落地后变成一块大石头，有好事的老百姓在石头上刻了"始皇帝死而地分"的字样。秦始皇听到后勃然大怒，派御史挨家挨户去查，却没人认账，于是把住在那一片的人都杀了，那块惹祸的石头也被焚毁了。秦始皇心里很不爽，让博士写了首关于神仙的诗，到全国各地去宣传，还让乐人歌唱，可能是想要"冲冲喜"。谁知秋天又出了问题。有个使者外出办事，被一个拿着玉璧的神秘人拦住了。神秘人莫名其妙地对使者说了句："请替我把这块玉璧送给滈池君。"又说，"今年祖龙就会死去。"使者被他搞得一头雾水，正想多问两句，那人却消失不见了，只有玉璧还留在地上。秦始皇听说这事后，心里"咯噔"一下，但还是自我安慰道："山中的鬼怪原本最多只能预知一年的事情。""祖龙，指的是人的祖先（*不是我嬴政*）。"

秦始皇终究只是个凡人，碰上离奇古怪的事情，也会感到十分害怕。更何况一年之内发生这么多怪事。据说，就是因为这些"不祥之兆"的影响，秦始皇决定再次出巡，以达到"避灾"的目的。不料在途中他突然驾崩了，这一番"瞎折腾"居然和所谓的异象对上了，真是让人哭笑不得。

"九鼎"最后的去向

在远古的华夏大地上,有九件宝贝,代表着至高无上的王权,也象征着国家的统一昌盛,它们就是传说中的"九鼎"。可遗憾的是,"九鼎"却在历史的某个角落神秘地消失了,给后人留下了一堆让人费解的谜团。

故事还得从夏朝说起。相传大禹治水成功后,把天下划分成九州,然后让九州的人们进贡青铜,铸造了这九鼎。每一鼎都代表一个州,上面还刻着各州的山山水水、奇珍异兽,就像是古代的"九州地图册"。这九鼎往夏朝的都城一放,那就是告诉全天下:"看好了,九州都是夏朝的!"

谁知夏朝也有覆灭的一天。商汤把夏桀赶跑后,九鼎也跟着搬到了商朝的都城。盘庚定都于殷后,九鼎又跟着搬了家。周武王灭商以后,还特意把九鼎拿出来展示了一番,似乎在说:"看,王权的象征到我这来了,我才是正宗的天子!"

周成王即位后，周公旦更是费心费力地在洛邑给九鼎建了个"新家"，还请成王亲自来主持祭礼，把九鼎恭恭敬敬地安放在明堂之中。这九鼎从此就成了周朝的镇国之宝。

可到了东周时期，周朝王室的影响力越来越小，压制不住各地诸侯。他们的胆子也越来越大，楚庄王第一个按捺不住，跑到洛邑去问"鼎之轻重"。其实就是想挑战周王室的权威，还好被周大夫王孙满给撑回去了。后来楚灵王也想试着"问鼎"，结果刚生出坏心思，国内就出了乱子，只好先放弃了。

到了秦惠文王时，张仪出了个主意，想让秦王夺了九鼎，以后就可以号令诸侯了。楚王、齐王一听，都想掺和一脚。周赧王一看这架势，吓得不轻，只好勉力在各国之间周旋，让他们互相牵制，这才保住了九鼎。

秦武王四年（公元前307年），秦国把韩国的重镇宜阳给拿下了。秦武王一高兴，带着一群勇士跑到宜阳巡视，接着直奔洛阳，想借机窥探周王室。周赧王也没办法，只好派人去迎接。谁知秦武王直接跑进太庙明堂里，围着九鼎看个不停，越看越喜欢。他指着"雍"字鼎说："这是我们秦国的鼎，我得把它带回咸阳去！"守鼎的官吏不敢直接阻止，找了个借口说："鼎有千钧重，没人能举得动。"

秦武王很不服气，深吸一口气，用尽吃奶的力气，把鼎抬离地面有半尺高！可他正要迈步，力气却用完了，手上一滑，鼎重重砸向地面，正好压在他的右脚上，把他的胫骨压断了。众人都吓坏了，七手八脚把他扶回去。他疼得受不了，伤处血流不止，挨到半夜就咽气了。

秦武王死后，他弟弟秦昭襄王继位了。后来，周赧王死去，周地的百姓都往东逃难去了。秦国趁机把九鼎和其他宝贝都抢走了。又过了七年，秦庄襄王把东周公国给灭了，周朝灭亡了。

据说灭周后的第二年，秦国就把九鼎搬到了咸阳。可到了秦始皇统一天下的时候，九鼎却不见了踪影。有人说九鼎沉没在泗水中了，秦始皇在东巡途中还特意派人去捞，结果啥也没捞到。也有史学家说，九鼎其实只有一个，只是因为它代表九州，所以叫九州鼎，简称九鼎。

九鼎在古人心中的重要地位毋庸置疑，其不仅是权力的象征，更是中华文明的一部分。九鼎的故事将永远流传下去，成为后人探寻历史、追寻真相的不竭动力。

看这如画的江山，都是大秦的天下。

秦始皇在统一六国后的十一年里，先后进行了五次巡游，足迹遍及大江南北。

朕要告诉天地，大秦已经一统天下，万民归心！

在巡游期间，秦始皇登上泰山，向天地宣告自己的不朽功业。

朕拜托你们，先去好好调查研究，不要随便给朕造谣！

在巡游路上还发生了不少趣闻，比如"湘山砍树"，但到底是不是真的，却没有统一的说法。

哼！朕乃天命所归，岂是尔等宵小之辈伤得了的？！

巡游路上最糟心的事情就是遭遇刺杀了，好在秦始皇福大命大，才能逢凶化吉。

第七章 焚书坑儒，竹帛烟销帝业虚

始皇有个"神仙梦"

秦始皇除了搞书同文、车同轨、修建长城之类的大动作，还有个让人哭笑不得的爱好——信神仙，求长生。

按说秦始皇已经是皇帝了，要啥没有？金银财宝、权力地位，都不在话下。可偏偏这世间有一样东西他得不到，那就是永恒的生命。虽然他体格健壮，能和刺客荆轲过上几招，但岁月不饶人，所以每次听说有长生不老药，他都无法坐视不理。

他先是派徐福带着一群童男童女，漂洋过海去找神仙求药。这徐福也是个妙人，拿了钱不办事，还编了一堆离奇的故事。秦始皇却信以为真，白白被他骗走了不少人才和物资。最后，徐福下落不明，求仙药的事儿也就不了了之了。

类似这样的事情还真不少。方士卢生说要替秦始皇寻找古代的仙人，结果不知从哪里带回一本古书，上面写着"亡秦者，胡也"。秦始皇一听，十分担忧，却不知道这个"胡"字到底指什么。有人说秦始皇派将军蒙恬率领大军北击胡人（匈奴），就与这句预言有关。但真相到底是什么，没人能说得清楚。

《史记》里还有相关记载。卢生忽悠秦始皇说："我们寻求灵芝、奇药和仙人却经常不能遇到，大概是有加害它们的恶鬼。在人世间，君主要时常穿着便装出行，来躲避恶鬼，恶鬼避开了，得道真人也就来了。君主所居住的地方如果被臣子们知道了，那么，就会妨害于神灵。"卢生还给秦始皇普及了一下"真人"的概念，说这种人掉入水中不会沾湿，掉入火中不会燃烧，能够超越云气，与天地同寿。卢生还希望皇上居住的宫殿不要让人知道，这样不死之药大概就可以获得了。

如此荒谬的言论，秦始皇居然全盘接受了。他说自己也想成为这样的"真人"，从此也不自称"朕"了，而是改称"真人"。他还下令修建天桥、甬道，把咸阳附近200里内的270座宫观连接起来，再把帷帐、钟鼓和美人都安置在里边。他在其中的行动是保密的，如果有人胆敢泄露他的去向，就要判死罪。可就算秦始皇已经这么努力了，卢生等人也没能找到所谓的神仙。

吃了这么多亏，秦始皇还不死心。他广招方士、炼丹求药，试过很多种材料，有的还有毒性，听上去就让人有些害怕，但秦始皇却笃信不疑。

其实，秦始皇信神仙这事儿，也不能全怪他"天真"。在那个时代，科学观念还未普及，人们对各种自然现象很不理解，往往会从神秘主义的角度去解释，所以就会出现神仙鬼怪之类的说法。秦始皇追求长生的方法虽然有点荒唐，却是那个时代普遍信仰的反映，所以我们不必一味笑话他的行为，而是可以尝试着理解一下他的渴望。毕竟，谁不想永远年轻、永远保持青春活力呢？

"忽悠大师"徐福的招数

前面提到的徐福（史料中还能看到"徐市"这个名字，其实指的就是他），简直就是古代的"忽悠大师"，竟然能把千古一帝秦始皇忽悠得团团转，不禁让人啧啧称奇。那么，徐福凭啥赢得了始皇帝的信任呢？

咱们必须先明确一点，徐福肯定不是个腹中空空、只知道耍嘴皮子的人。恰恰相反，他聪明过人，博学多才，幼年习读儒书，研习阴阳五行，修真炼丹，习学道术，医学、天文、航海样样都懂。这在古代可是稀缺人才，无论走到哪儿都能引起一片惊叹。秦始皇也是很"识货"的，一看这人不简单，必然会留用。

秦始皇二十八年（公元前219年），秦始皇第一次登上琅琊台，留驻琅琊（今山东青岛市琅琊镇）达三个月之久。此间，徐福上书秦始皇说海中有蓬莱、方丈、瀛洲三座神山，山上住着仙人，到那里可以求得不死之药。

当时的秦始皇虽然是天下之主，但内心却空虚迷茫得很，特别是年纪越大，对死亡就越恐惧，于是被徐福的上书所打动。《史记》中记载，公元前219年，徐福率领着一批童男童女，浩浩荡荡地出海求仙去了。

然而，徐福找了好几年，连个神仙的影子都没见到，钱倒是花了不少。他怕秦始皇怪罪，就撒了个谎说："陛下，我们本来可以找到蓬莱的神药，但路上总有大鲛鱼（即鲨鱼，一说鲸）捣乱，怎么都到不了目的地。请您多派些擅长射箭的人，帮我们解决这个大麻烦吧。"

秦始皇命令那些去海上的人准备称手的工具，他自己也准备了连弩，摩拳擦掌，就等着收拾大鱼了。他们的海船从琅琊一直走到荣成山，都没见到大鱼的踪影。最后到了芝罘（今山东烟台市北），大鱼终于出现了。大家立刻连弩齐射，成功射杀了大鱼。

徐福又一次入海求仙药，却再也没有回来。有人说他们遇到了大风浪，全部葬身鱼腹了。也有人说徐福在日本九州岛登陆后，发现那里气候温暖、风光明媚，干脆留下来自立为王，他还教当地人农耕方法、医药知识以及锻造、纺织技术。这下他不仅成了日本人心中的"司农耕神"和"医药之神",还不用担心完不成任务会被秦始皇治罪了。不过,这些说法都没有确凿的历史证据支持,更多的是基于民间传说和后世推测。如今在日本的很多地方供奉着徐福的神位,当地人还会为他举办祭祀活动,这只能说明徐福在日本文化中具有重要地位,却不能直接证明他确实到过日本。

不管怎么说,徐福能得到秦始皇的信任,靠的不仅仅是他的博学多才,更重要的是他那三寸不烂之舌和敢于冒险的精神。当然,还有一点点运气成分在里面。这就是徐福,一个传奇人物!

卢生的真实身份

卢生这个名字,乍听起来有点像文绉绉的读书人。古人爱用"姓+生"来称呼那些捧书苦读的人,如张生、王生、李生等。可这位卢生的行事风格,和"儒雅"两字根本沾不上边。

卢生不像那些整天捧着《诗经》《尚书》的儒生,只会满口"之乎者也",他更喜欢琢磨神神秘秘的东西,如炼丹术、占卜术、长生不老啥的。这种人被称为"方士"。

方士其实是先秦时期就有的老行当了,他们啥都会点儿,养生、医药、占卜、炼丹、看星星,简直全能。早期的方士大多是些民间高手,天天观察自然现象,研究人体奥秘,还跟古代巫术扯上了关系,整出了一套理论,也就是他们常说的"方术"。战国到秦汉那会儿,方术很受追捧,连最高统治者都被迷得神魂颠倒,想靠方术长生不老、治国平天下。

方士因此风光无限,秦始皇对他们也是宠爱有加。卢生是方士中的佼佼者，他不仅帮秦始皇找长生不老药，还搞来了一本《录图书》，说是能够预测未来。而这本书里，就有前文讲到的"亡秦者，胡也"。

不过，卢生并不是一心为秦始皇服务的，他有自己的盘算，还经常和同伴侯生一起说秦始皇的坏话。一个说："秦始皇天性刚愎自用，听不得自己的过错，因此一天比一天骄横。那些大臣害怕被惩罚，就专门说些他爱听的话，把他哄得团团转。"另一个说："他这人贪恋权势，天下的大事小事都是他一个人说了算，我们可不能为这种人求仙药！"最后，两人一合计，干脆偷偷溜走了。

秦始皇知道后，不禁火冒三丈："我对卢生他们这么尊重，赏赐这么丰厚，他们不为我做事就算了，居然还敢诽谤我。看来咸阳的方士都不可靠，我得派人查查，免得他们又制造谣言来蛊惑百姓。"

秦始皇命令御史去审问那些方士，他们怕被惩罚，就互相揭发，导致460多人都跟这案子扯上了关系，最后全部在咸阳被活埋了。这事儿，就是后世所说的"坑儒"，吓得后人都不敢乱说话了。

卢生一逃跑，不知连累了多少人。而他逃离咸阳后，就像人间蒸发了一样，没了踪影。

扶苏的人生悲剧

如果古代有个"皇位继承培训班",那扶苏的成绩肯定名列前茅。这位秦始皇的长子,一出生就自带光环,仿佛天生就是为了继承皇位的。但历史总是爱开玩笑,他本该成为一代明君,却以一种令人唏嘘的方式结束了自己的一生。那么,他到底是个什么样的人呢?

"扶苏"这个名字,听起来就充满诗意和浪漫气息。据说它源于《诗经》中的《国风·郑风·山有扶苏》这首古代情歌,是古人对树木枝叶茂盛的形容。秦始皇给儿子取这个名字,无疑寄托了很多美好的祝福和期望。扶苏也确实没让老爸失望,他聪明好学,仁慈宽厚,获得了大臣们的认可。

不仅如此,扶苏还敢于直接挑战老爸的尊严。比如在"焚书坑儒"事件中,扶苏不愿袖手旁观,上书劝说:"天下才刚刚安定下来,边远地区的老百姓还没完全归心,儒生们都在念孔子的书、学孔子的道，您这次用严厉的刑法收拾他们，我担心天下会不太平，您可得三思啊！"可惜，秦始皇不但听不进他的肺腑之言，还一气之下把扶苏发配到北方上郡，跟蒙恬一起修长城、抵御匈奴。

公元前210年，秦始皇出去巡游，半路上突然病逝。不过他早就考虑过这种意外情况，留下了遗诏，让扶苏把兵权交给蒙恬，然后立刻赶回咸阳主持丧礼。然而《史记》中记载，赵高和李斯竟然把遗诏给改了，立胡亥为太子。更可气的是，他们还伪造了一封遗诏，命令扶苏和蒙恬一起自杀谢罪。

扶苏接到假遗诏后，竟然一点都没有怀疑，直接就要自尽。蒙恬在旁边急得直跳脚，劝扶苏再去请示一下。扶苏对蒙恬说："父亲赐儿子死，哪里还需要再请示！"说完便自杀了。这一举动，让后世无数人心疼不已，纷纷为他鸣不平。就连陈胜、吴广都在起义时打着"扶苏"的旗号，认为这样会得到更多人响应。

扶苏为人仁慈宽厚，敢于对暴政说不，是一位有道德情操和人文关怀的真君子。可他也太过忠直了些，容易相信别人，对阴谋诡计一点防备都没有。这样的性格，在和平年代，或许能让他成为明君典范，但在残酷的权力斗争中，却可能招来祸患,甚至付出生命的代价。

扶苏的悲剧,从个人层面看,是忠诚和信任遭到了无情的践踏;而从历史的大视角分析,则是秦朝的政治斗争太残酷,权力继承制度也有很多问题。他的死,加剧了秦朝的统治危机,预示着这个强大帝国的覆灭倒计时已经开始了。

秦始皇不立皇后的秘密

古代的皇帝们大都会在适合的时间举行"大婚",确立正妻,也就是皇后。可有位皇帝却不走寻常路,一生未立皇后,他就是咱们的男主角——秦始皇嬴政。

有人肯定会说,这怎么可能呢?可是,史书上愣是一个字儿没提他的皇后。皇后是母仪天下的大人物,如果确有其人,怎么可能藏着掖着不让人知道呢?这不合理啊!

那么,秦始皇为什么没立皇后呢?这个问题让历史学家头疼不已。有人说,秦始皇是个地地道道的"工作狂",每天日理万机。根据《史记》中的记载,天下的大小事情都要由秦始皇来决断,而当时的公文不是写在纸上的,是刻在竹简木牍上的,所以秦始皇每天要批阅上百斤的公文。既然他都忙成这样了,可能也就没有什么时间和精力去处理个人问题了。

当然,这肯定不是唯一的原因。历史上,有许多皇帝同样政务繁忙，但仍能兼顾家庭与婚姻。又有人说，可能是秦始皇的眼光太高了，后宫里的那些女子，没一个能入得了他的法眼。秦始皇自认为功业超过上古时期的"三皇五帝"，能配得上他的皇后得是什么级别？怎么也得是个才智过人、气质脱俗、容貌倾城的超级美女才行，这上哪儿找去？再说了，后宫里的大多数女子，要么是六国贵族为了讨好嬴政送来的"礼物"，要么是秦国在吞并六国的过程中获得的"战利品"，万一其中某位美女成了皇后，心里还向着母国，导致外戚势力不断坐大，秦国的稳定局面可就悬了，所以秦始皇干脆不立皇后了。

更有人说，秦始皇统一六国后，一心追求长生不老、永享荣华富贵，整天忙着派人去海外求仙，还在宫里炼丹，俗世的情感纠葛在他眼中都变得微不足道了，哪还有心思管什么皇后不皇后的。

还有些小道消息，大家听听就好。说的是由于秦始皇的母亲赵姬的私生活过于丰富，给秦始皇留下了不小的心理阴影，以至于他对皇后这个角色是敬而远之，打死也不立。

不过话又说回来，秦始皇虽然没有立皇后，但不代表他没有妃嫔。他的子女也不少，有名的就有长子扶苏、少子胡亥、公子高和公子将闾等。可这些子女的母亲具体叫什么，史书上的记载却少得可怜，仿佛她们只是庞大帝国中微不足道的存在。

这不禁惹人遐思，秦始皇到底是怎么想的呢？是不是觉得皇后这个职位太高大上了，怕谁坐了都不合适，还不如把位置空出来好？在秦始皇看来，或许整个天下都比不上他心中的千秋大业，个人情感与家国天下相比，只能先放在一边了。

太子未立：始皇的决断与遗憾

秦始皇是一位特立独行的帝王，别的帝王都忙着立皇后、定太子，稳固江山社稷，他倒好，皇后不设，太子不立，仿佛在说："朕的江山，朕说了算，你们别瞎操心！"

这种事情在古代还是挺稀奇的，要知道，立太子可是大事，关乎国家稳定、皇位传承。可秦始皇偏偏就是这么任性，让人很是摸不着头脑。

关于秦始皇为啥不立太子，史学家众说纷纭，跟菜市场吵架似的，热闹非凡。有人说，秦始皇其实心里早就有数了，想立长子扶苏为太子，就是憋着不说。他在遗诏里不是通知扶苏回来主持丧礼了吗？这样顺便就把皇位继承的问题给解决了。有人不同意这种说法，非说秦始皇更喜欢小儿子胡亥，想立胡亥为太子，只是碍于各种原因，不能公开宣布。

但不管怎么说，根据现有的历史记载，可以肯定的是，秦始皇在生前真没公开过太子的人选。这到底是为啥呢？咱们不妨来进行一番推测。

首先，秦始皇是个十分自信的人。他统一六国后，觉得自己"德兼三皇，功过五帝"，立太子肯定也得找个能配得上他这"千古一帝"称号的接班人吧。可问题是，他的儿子们虽然个个都是龙种，但想从中找出一个能跟他比肩的，比登天还难。唯一瞧得上眼的扶苏，还经常同他"唱反调"，这怎能不让他烦恼？

其次，秦始皇这人疑心病特别重。咱们可以合理揣测一下他的想法：万一立了太子，其他儿子心里能服气吗？万一太子对他的位置产生了想法，打算提前接班，该怎么办？到时候，宫廷里斗得乌烟瘴气，那还了得？秦始皇可不想看到自己江山还没坐稳，内部就先乱了套。

更重要的是，秦始皇可能还想玩一把"权力的游戏"。他大概会想，自己不立太子，大臣们就猜不透他的心思，也就不敢轻易站队了。这样一来，他的皇权才能稳如泰山，谁也别想从他手里抢走一丝一毫的权力。

还有，秦始皇可能觉得自己还年轻，身体也不错，立太子这事儿可以先放一放，不着急。再说，他还迷上了长生不老之术,心里可能会美滋滋地想:万一朕服了仙药,成了真人,和天地同寿,皇位就永远是朕一个人的了,关太子什么事?

可惜人算不如天算,秦始皇万万没想到,自己竟会那么匆忙地告别这个世界。而他没有立太子的决定,也为秦朝的未来埋下了巨大的隐患。胡亥篡位、赵高乱政、秦末农民起义……一系列宫廷政变和政权更迭,就像一场场灾难接踵而至。最终,秦朝仅仅存在了15年,就轰然倒塌了。

焚书坑儒：真相与误解的交织

要说秦始皇这辈子有什么人生污点，大家肯定会想到"焚书坑儒"。后世一些史学家一提起这事儿，就跟炸了锅似的，没少对秦始皇口诛笔伐。

不过，这事儿可能没有大家想象得那么简单。"焚书"和"坑儒"，其实是两个独立的事件。

咱们先来说说"焚书"，起因之一就是秦国那帮儒家和法家的大佬为了治国理念吵得不可开交。代表儒家的淳于越非得跟郡县制过不去，说要按照古代的制度来，搞分封制。代表法家的丞相李斯马上开撑："你们这些儒生啊，老是拿古人说事儿，质疑秦朝的政策。"李斯把问题上升到"国家高度"，说这帮人在质疑秦王朝的施政纲领。他还警告秦始皇，如果再不管管这些人，皇帝的威严都得受损。

秦始皇还真被李斯说动了，李斯见机会来了，便提出了焚书令,想要靠这个统一人民的思想。秦始皇觉得挺有道理的,就点头同意了。但要知道,秦始皇焚书是有选择的,并不是什么书都烧。司马迁在《史记》里写了,那些记录各诸侯国历史的书籍最倒霉,几乎被烧了个精光。为啥?因为里面记载的都是各国的光辉事迹,留着它们,秦朝还怎么树立威信呢?而那些《诗》《书》之类的儒家经典,因为民间藏得多,反倒剩下了不少。具有实用价值的医学、农牧等书籍也没有被烧毁。

对于"焚书"这事儿,后世的学者争论不休,像焚书到底有没有造成"六经"(指《诗》《书》《礼》《乐》《易》《春秋》)消亡,大家就有不同的意见。还有人认为诸子百家的书也遭了殃,毕竟秦始皇要的是思想统一,哪能留下这些"异端邪说"?不过不管哪种说法,大家都承认秦始皇不是"纵火犯",不会把当时所有的书籍一把火全点了。更有人认为,焚书的人是项羽,反而刘邦进入关中后,还收集整理了典籍。清朝大文豪刘大櫆毫不客气地指出,"书之焚,非李斯之罪,而项籍之罪也。"

接下来,咱们再聊聊"坑儒"。《史记》里明确记载,秦始皇在咸阳坑杀了460多人。但是这里有个争议点,就是秦始皇"坑"的到底是儒生还是方士。有人说是方士,因为惹怒他的侯生和卢生就是方士，他很可能会迁怒于整个方士群体。但也有人说是儒生，这主要是因为东汉以后的儒生对"焚书坑儒"进行了重新解读，影响了后世的看法。

由此可见，焚书坑儒这事儿存在不少疑点，以此来攻击秦始皇，可能对他会有些不公平。后世有很多大儒都为秦始皇说过公道话。比如，南宋大儒朱熹就说过："秦焚书也只是教天下焚之，他朝廷依旧留得。"这告诉我们，秦王朝虽然焚书，但依然留有备份。明朝学者袁宏道在《经下邳》中写道："枉把六经灰火底，桥边犹有未烧书。"这也是在说秦王朝并没有焚尽所有的书籍。

此外，清朝学者朱彝尊指出，"秦本坑乱道之儒而非圣人之徒"。这是在为坑儒这事儿正名，告诉人们秦始皇没有滥杀读书人。而宋代史学家郑樵提出了独特的见解："秦人焚书而书存，诸儒穷经而经绝。""所谓诗书之焚，乃学者自焚也，非秦皇之过也。"这是直接在为秦始皇辩白，认为诗书的焚毁，其实并不是秦始皇的过错，而是后来的学者自己造成的。这可能是因为学者在传承和研究过程中，由于各种原因（如政治压力、学术纷争等），导致部分经典内容被篡改、遗漏或误解，从而造成了典籍的消亡。

这些见解不一定完全正确,却提醒了我们,对于历史事件应该有更为全面和深入的认识,不能只听一面之词,更不能把所有的责任都完全归咎于秦始皇一个人。

秦始皇仁慈的一面

秦始皇为了巩固自己的统治,维护社会的安定,确实采取了一些极端的措施,比如征发大量民夫修建长城、颁布严刑峻法、焚书坑儒。这些事情都成了他"暴虐"的标签,但秦始皇仁慈的一面,却常常被大家忽略了。

下面来看几个例子,或许会改变你对秦始皇的固有印象。还记得那个大胆点评嬴政外貌的尉缭吗?他曾经给嬴政出主意,说:"咱们别老是靠武力吓唬六国,干脆用钱砸,贿赂六国权臣,让他们从内部先乱起来。"嬴政觉得这主意不错,不但能减少统一六国的障碍,还不会损害秦国的名声,便决定采纳,还对尉缭礼遇有加,给他的衣服饮食都和自己一样。谁知尉缭看嬴政这么客气,反而害怕了,非说嬴政对人刻薄寡恩,心如虎狼,在他不得志的时候,容易对人谦卑下士,一旦得志,就会轻易地吃人。之后尉缭就逃走了,嬴政得知后,不但没生气，反而派人把尉缭追回来，任命他为秦国的国尉（**掌管军事的高级官职**），继续采用他的计策。从这事就能看出嬴政还是挺能容人的，对于有才之人更是宽宏大量到了极点。

再说说攻打楚国那事儿。嬴政曾误判形势，弃用老将王翦，让年轻气盛的李信当主将，结果打了个大败仗。这时候嬴政没有掩盖自己的错误，更不会推卸责任，而是亲自去找王翦，请他复出。这种勇于担责的精神，在古代帝王里可是少有的。至于李信，不但没有遭到重罚，反而被嬴政继续重用，在后面的灭燕、灭齐之战中都有精彩的表现，还被封为陇西侯。

还有，嬴政对降国的百姓也是比较仁慈的。在收复燕国之前，燕国太子丹曾派荆轲前往秦国刺杀嬴政。然而，在打下燕国后，嬴政追究了与太子丹、荆轲有关的门客，但没有迁怒于燕国百姓，而是对他们施以怀柔政策，尽量安抚。而六国的那些贵族，只要不是顽固抵抗、试图复国的，嬴政也没有进行大规模屠杀，而是将他们迁往咸阳监视了起来，并剥夺了他们的部分权利。

更值得一提的是，嬴政从未杀过一个功臣良将。像王翦、王贲、蒙恬这些人在统一战争中立下了赫赫战功，嬴政在位时对他们非常信任，继续委以重任，还慷慨地赏赐他们土地和爵位。这和后世许多开国皇帝诛杀功臣的做法相比，真是天壤之别。就连吕不韦，即使在嬴政即位初期掌控朝政，后面还做了很多"越位"的事情，嬴政最后也只是将他赶走，并没有直接杀掉。

所以说，人是复杂的，是时候改变对秦始皇的刻板印象了。

朕真的好想再活一万年……
秦始皇为了追求长生不老，广招方士，炼丹求药。
这徐福，可别让朕失望啊！
徐福受命出海寻找长生不老药，秦始皇满怀期待，谁知等来的竟是一场空。
论忽悠，我可是专业的。
卢生用花言巧语骗取了秦始皇的信任，最后却不负责任地逃走了。
哼，冤枉？你们方士都不老实，都该受罚！
发现被骗后，秦始皇大怒，“坑儒”以泄愤。“焚书”和“坑儒”成了秦始皇人生中的污点，洗也洗不掉。
陛下，我们冤枉啊！

第八章

祖龙魂死业犹在

祖龙陨落：秦始皇的死亡之谜

秦始皇作为统一天下的"千古一帝"，他的死亡是历史上的一个大事件，可这个事件却处处透着诡异。

我们先来听听司马迁的说法：公元前210年，秦始皇又一次踏上了巡游之旅。这次不仅带上了左丞相李斯，还捎上了想随行的儿子胡亥。一行人浩浩荡荡，好不热闹。

可是在平原津（今属山东省德州市，是古黄河上重要渡口之一），秦始皇突然感觉身体不对劲儿，他病倒了，而且病情很快加重，最终在沙丘平台（今河北省邢台市广宗县西北）这个地方画上了人生的句号。

这一年，秦始皇只有49岁，巡游途中还精神抖擞地跋山涉水，甚至还想拿海里的鲛鱼练练手，怎么一转眼就驾崩了？再说，从平原津到沙丘不过100多公里，就算行进速度再慢，也只需要两三天的工夫。秦始皇从发病到去世，时间如此之短，不禁引起了人们的各种怀疑和猜测。

有人说秦始皇是被谋害的，凶手就是胡亥、赵高、李斯这帮人。郭沫若"脑洞"大开，在自己的小说《秦始皇将死》里写道秦始皇先是被人在饭菜里下了毒，然后又被铁钉插入耳道，导致死亡。不过，这些都是猜测，而且内容出自小说，没有确切的文献资料作为支撑。

但李斯、赵高等人在秦始皇死后的行为确实有些蹊跷。按照《史记》中的记载，李斯以"上在外崩，无真太子"为由，封锁了消息，暂时不发丧。他们还把尸体往辒辌车（古代的一种卧车，厢体封闭，设有帐幔，可通过开关窗户等办法调节车内温度）里一塞，让秦始皇最宠信的宦官在旁边陪着。每到一个地方，都假装皇帝还在，照常献上食物；百官有奏报事务的，就由宦官代批奏章。因为天气炎热，尸体都开始发臭了，他们往车里装上有腥臭气的腌鱼来掩盖尸体的臭味。与此同时，李斯、赵高等人还忙着伪造遗诏，害死了扶苏，让胡亥登上了帝位。

不过，就算司马迁这么认为，咱们也不能就此断定秦始皇是被谋害的。现在很多人更支持"疾病说"，也就是秦始皇之死与某种疾病有关。但具体是啥疾病，就没有人能说得清了。

有传言说秦始皇患了癫痫，在癫痫发作时意外受伤，导致病情恶化。也有部分学者推测秦始皇可能患有结核性脑膜炎，这是一种严重的脑科疾病，在当时的医疗条件下是治不好的。还有人说秦始皇长期服用方士炼制的丹药，而丹药中少不了铅、汞等重金属元素，不中毒才怪。

当然，咱们也不能排除秦始皇是被"累死"的可能。他实在是太勤奋了，每天批阅那么多文书，既要处理内政事务，又要应对边疆的战乱和民族问题，还要频繁出巡，身体能吃得消吗？他最后一次出巡，时间长达9个月，行程近万里，再加上去世前正值盛夏，天气酷热，突发意外也是有可能的。

秦始皇究竟是怎么死的，到现在还是个谜，还是得等历史研究和考古发现来揭晓答案。

大奸臣赵高的身世

在秦王朝政权交替的大戏中，赵高无疑是一个举足轻重的角色。提到他，大家脑海中是不是会浮现出"宦官"两个字？

说到宦官，这可是个历史悠久的"职业"。据说早在夏商时期，宫廷里可能就有宦官的身影了。到了周朝，王室和各诸侯国也多了宦官的"岗位"，一般都是由身份卑贱、出身不好的人担任。有的时候，被处以宫刑的罪人也有可能成为宦官。秦汉时期，宦官的势力发展得如火如荼，他们甚至成了一种特殊的政治力量，能够在朝堂上搅动风云。还记得"奇葩"人物嫪毐吗？他冒充宦官的身份入宫，受到太后赵姬的宠幸，权势越来越显赫，后来还被封为长信侯。

不过咱们得澄清一下，在秦和西汉时期，宦官不一定都是阉人。但是到了东汉，事情发生了变化，宦官全部由阉人担任了。

至于"太监"一词的出现,那是隋唐以后的事儿了。唐高宗时,因为由宦官担任中御府的太监、少监,所以有了"太监"这个叫法。到了明代,宦官的权势如日中天,这时候"太监"也不是随便就能叫的,高阶宦官才能被称为太监。直到清代,人们才把所有的宦官统称为太监。

由此可见,单从赵高生活的年代来看,他不一定是阉人。那么,赵高的生活经历有没有可能让他成为阉人呢?这就不好说了。赵高本是赵国宗族的远房亲戚,他妈妈是秦国的囚犯,他和几个兄弟生下来命运就很悲惨,用史书上的话说是"皆生隐宫"。"隐宫"一词,有人解释说是"天阉"的意思,就是男子性器官发育不全,没有生育能力。也有人认为"隐宫"是出身不干净或生于刑满释放的人聚集的地方。清代史学家、文学家赵翼甚至认为赵高是为了报仇,所以自宫成了阉人,才进入秦宫的。

但你知道吗,《史记》中明确记载赵高有个女婿叫阎乐,他帮赵高发动过"望夷宫之变"(**秦朝灭亡前夕,赵高与女婿合谋发动的政变**)。有女婿就意味着有女儿,有女儿就意味着有生殖能力,这赵高要是阉人,那就成奇迹了!

不管是不是阉人,赵高的手段和野心都是常人难及的。他本来在宫里担任小杂役，但因为精明强干、通晓法律，还擅长书法，得到了秦始皇的赏识，被提拔为中车府令，还成了胡亥的"私人教师"。又因为他善于体察上级的心思，很会溜须拍马，很快就博得了胡亥的赏识和信任。秦始皇一死，他伙同李斯、胡亥发动"沙丘政变"，把秦朝的天下搅得天翻地覆。虽然他是反面典型，但咱们也得承认，这家伙确实很有本事。

"矫诏"真伪疑云

赵高作为秦朝末年的重要人物,狡猾得跟狐狸似的,野心比天高。他干的坏事数都数不清,其中最臭名昭著的就是"矫诏",并且这事儿在《史记》《资治通鉴》等史料中写得明明白白,可见不是完全无凭据。

想当年,秦始皇在巡游天下的路上突发重病。在去世前,他留下遗诏,想让大儿子扶苏回咸阳主持自己的葬礼,这意思不就是让扶苏接班吗?可这份遗诏还没来得及发出,就被赵高给扣下了。为啥?因为赵高和扶苏向来不和,扶苏要是当了皇帝,赵高的好日子就到头了。而赵高认为,胡亥没啥本事,容易控制,便撺掇胡亥去抢皇位,还说愿意替他去和丞相李斯商量。

经过一番游说,李斯同意妥协,这可把赵高给乐坏了。他们合伙儿篡改了秦始皇的遗诏,让胡亥当了太子。然后,他们又伪造了一份诏书，让使者送到北部边境去，交给扶苏和蒙恬。诏书中污蔑扶苏"为人子不孝"、蒙恬"为人臣不忠"，让他们马上自杀谢罪。

扶苏忠厚老实，接到诏书后，并没有怀疑就自尽了。蒙恬虽然觉得不对劲，但最终还是被逼得吞药自杀。这样一来，赵高、胡亥和李斯的阴谋就得逞了。胡亥成了秦二世，赵高也借此机会大权独揽，在朝堂上兴风作浪。

看这架势，"矫诏"这事儿似乎是板上钉钉了。可谁能想到，2009年，一批从国外"救"回来的西汉竹简，把这事儿又变得复杂了。这批竹简有3000多枚，包含17种古书，其中《赵正书》有50枚竹简，近1500字，里面就有秦始皇临终前和李斯的一些对话。大致内容是秦始皇流着泪对李斯等人说："你们商量一下，看看该让谁做我的接班人啊？"这时候，丞相李斯和冯去疾冒着死罪磕头说："现在陛下您离京城太远，如果召见所有大臣来商量，恐怕会有大臣起歪心思，我们建议直接立您的儿子胡亥为继承人。"秦始皇听了说："可以。"没多久，秦始皇就去世了，胡亥当了皇帝。

《赵正书》把大家都弄懵了，难道胡亥是合法继位的？学者们在深入研究后发现，《赵正书》虽然有一定的历史价值，但真实性和权威性存疑。首先,这部书确实是西汉初年写成的,可其他历史文献却没有关于它的记录,这说明它非常不出名,可能就是私人写的小道消息,当时的人要么不知道,要么知道了也觉得没啥价值,不值得记录。

而且,《赵正书》在叙述上也有不少漏洞和不合理的地方,跟《史记》《资治通鉴》相比,显得比较粗糙。所以,虽然《赵正书》提供了一种新的视角,但并不能推翻《史记》的说法。现在专家学者们已经达成了共识,关于秦始皇去世后发生的种种事情,《史记》记载的才是主流意见。这事儿提醒我们,在探索历史真相的过程中,既要保持开放的心态,又要坚持严谨的研究方法,这样才能尽可能多地还原历史的本来面目。

李斯之叛：权臣的无奈与选择

秦朝的丞相李斯原本只是楚国上蔡的一个芝麻小官，因为有着非凡的才华和抱负，硬是一路打拼，最后成了秦始皇身边的"红人"。秦朝统一天下后，李斯没少为秦国的发展做贡献。可是人都有糊涂的时候，李斯也不例外。

在选择秦始皇继承人这件事上，李斯就犯了个大糊涂，居然和赵高同流合污，导致自己背负了千古骂名。这到底是为什么呢？

我们首先得承认，赵高深谙李斯的心理，口才也是一等一的好，他的花言巧语对李斯造成了不小的影响。按照《史记》中的记载，赵高扣下了秦始皇的遗诏，想让胡亥继位。可他也知道，李斯在朝中声望极高，只有把李斯拉下水，篡位之事才有可能成功，所以他决定找李斯"谈谈心"。

赵高见到李斯后，开门见山，直接坦言："外人此刻都还不知道皇上已驾崩，给扶苏的诏书和符玺都在我这儿，到底定谁为太子，就看您和我怎么说了，您说该怎么办？"李斯听出了赵高的不轨之心，不免大惊失色，不但拒绝了他，还愤怒地指责他大逆不道。

赵高见正面游说没什么用，便耍起了心眼儿，问李斯："您觉得您在才能、功绩、谋略、威信这几方面，能跟蒙恬比吗？再说了，扶苏是信任您还是信任蒙恬？"李斯被他说中了心思，沉默了半天，承认自己确实比不上蒙恬。

赵高继续给李斯"上眼药"："丞相是个聪明人，这里面的利害关系，您心里跟明镜似的。大公子一旦坐上龙椅，您还能安享晚年吗？我看胡亥公子性情敦厚，是最好的接班人。您可得好好掂量掂量啊！"

李斯听到这话后，心中五味杂陈。他琢磨来琢磨去，最终同意和赵高合作。从这也能看出赵高的说服能力有多强，堪称"洗脑大师"！

不过，把李斯的决定全赖在赵高头上，可能有些片面，毕竟李斯心里也有自己的谋划。他想着自己从布衣一路摸爬滚打，好不容易混到今天这个地位，享尽了人间的荣华富贵，可不能轻易让这一切都化为泡影。而且李斯也没有忘记，在秦朝，丞相是一种"高危职业"，吕不韦就是个活生生的例子，李斯深知这一点。他最终支持胡亥，多少有一点自保的心思在里头。

李斯选择支持胡亥，虽然暂时保住了自己的地位和权势，却间接导致了秦朝的覆灭，而他自己也将落得个异常悲惨的结局。这告诉后人一个道理：面临重大抉择时，还是得守住自己的底线和原则才行。

扶苏自杀：秦王朝走向灭亡的转折点

说起"一手好牌打得稀烂"的历史人物，扶苏绝对榜上有名。他是秦始皇的长子，按照古代的继承制度，他在皇位继承上有天然的优势；他自己也很争气，从小聪明好学，能文能武，还特别有政治远见，经常给老爸提建议，虽然老爸不爱听，但他那份心是难能可贵的。他跟蒙恬、蒙毅这些重臣关系亲密。特别是蒙恬，虽手握重兵，却对扶苏忠心耿耿。

可就是这样一个在各方面占尽优势的"天之骄子"，竟然选择了自尽，很多人都不能理解。

其实细细琢磨一番，也不难想到原因。首先，扶苏这人看似完美，却有致命的性格缺陷。比如，他过于耿直，不懂变通。他对父亲是绝对的忠诚和敬畏，在封建社会，君命难违，所谓"君要臣死，臣不得不死"，这种思想无疑影响了他的选择。他还深受儒家思想的影响，对"孝"的认知偏执得要命。

《史记》中记载，接到假诏书时，扶苏竟然说："父亲赐儿子死，哪里还需要再请示。"他没有辨别真伪，就糊里糊涂地自杀身亡了。

其次，扶苏对老爸的政治意图和战略布局一点都没弄明白。他总觉得老爸对自己十分不满，甚至可能已经彻底放弃了自己。可实际上，秦始皇对他还是抱有很高期望的，不然也不会在临终前留下遗诏，希望他回咸阳主持大局。或许，秦始皇将他赶到边地是一种历练，可惜扶苏没有明白这份苦心。

还有，扶苏在政治斗争中的表现显得较为被动和软弱，缺乏必要的政治手腕和决断力。他对赵高、李斯等人策划的政治阴谋没有一点警觉性，更别说从容应对了。

不过，扶苏也有自己的优点，那就是性格宽厚仁慈。他不想因为自己的反抗而引发朝堂动荡，进而引起社会动乱，使老百姓受苦，所以他决定慷慨就义。这种"舍小我，顾大局"的精神虽然值得敬佩，但也让他走上了不归路。

扶苏自杀，后果是严重的，秦朝失去了一个可能带领国家走向繁荣的明君。扶苏的仁政理念要是能够实现，说不定就能缓解秦朝的社会矛盾，减少百姓的苦难，还可能对民族关系产生积极的影响。扶苏的死，为秦朝的未来蒙上了一层阴影。赵高和李斯原本担心扶苏上台后会威胁到他们的地位，扶苏一死，他们悬着的心终于落地了。

始皇子女的悲惨命运

扶苏一死，胡亥可算是松了口气，但紧接着，他的"家庭大扫除"计划就紧锣密鼓地展开了。为啥？按照《史记》等史料中的记载，他的帝位不是通过正常流程得来的，所以害怕兄弟姐妹不服，最终会联合起来将自己推翻。于是他跟赵高商量："现在大臣们都不服我，官吏们也硬气得很，诸公子肯定会和我争夺皇位，我该怎么办呢？"

赵高一听，正中下怀，便给他出了个馊主意，让他大开杀戒。这样既能震慑天下，又能除掉平时看不惯的人。

胡亥觉得很有道理，马上开始大肆诛杀大臣和诸公子。按照《史记》《资治通鉴》等史料中的记载，胡亥在咸阳将12个兄弟处死，另在杜邮（今陕西咸阳东）将6个兄弟和10个姐妹碾死，场面惨不忍睹。

公子将闾和他的两个兄弟平时作风很谨慎，胡亥想杀他们却找不到理由,便将他们囚禁在内宫里。等许多其他的兄弟被杀后,赵高派人逼他们自尽。将闾气得直跺脚,连声辩解:"我一向遵守朝廷的规矩,从不违背命令,也没有失职的行为,更不敢胡说八道,怎么突然就有罪了?我得知道自己到底犯了什么错吧。"使者也很无语,只能回答:"我只是奉命行事,不知道你们为什么被定罪。"将闾绝望到了极点,仰天大喊了三声:"天啊!天啊!我无罪啊!"然后,他和他的两个兄弟流着泪,拔剑自杀了。这事儿一出,皇室成员一个个吓得心惊胆战,生怕哪天自己也成了刀下鬼。大臣们为了保住自己的官位和俸禄,都选择迎合胡亥,这让他的气焰更加嚣张了。

胡亥有个哥哥叫公子高,这家伙挺机灵。他一看这架势,心想:我跑吧,恐怕会连累全家;不跑吧,命估计就没了。他在无奈之下,给胡亥写了封信,大意是说:"先皇在世的时候对我可好了,给我吃好的、穿好的,还让我坐好车、骑好马。我应该跟着先皇去死,但我没能做到,真是不孝不忠啊。不忠的人在社会上哪还有面子呢,所以我请求去死,死后把我葬在骊山脚下。"

胡亥一看这信,正合自己之意,很快就批准了公子高的请求,还赐钱十万办丧事。公子高这一招,可谓是"以退为进",

只可惜,这"进"的终点却是生命的终结。

这胡亥真是把自家兄弟姐妹祸害得不轻啊!他的残暴无道、滥杀无辜不仅引发了秦朝内部的动荡和不满,也为后来的农民起义和秦朝的灭亡埋下了伏笔。

大秦名相的凄惨结局

让胡亥登基,害得秦朝提前走向终结,李斯得承担不小的责任。李斯这人一生跌宕起伏,充满了传奇色彩,最后却落得个悲惨的结局。

李斯年轻的时候,在郡里混了个小吏当。有一天,他走到厕所里,看见里面的老鼠瘦弱肮脏,吃的是粪便和垃圾,还要时常提防人和狗的骚扰。过了一会儿,他去粮仓办事,看到那里肥硕的大老鼠吃的是堆积如山的粮食,人来了也不怕,连躲都不躲。李斯不禁心有所感,觉得人这一辈子就像这老鼠,关键得给自己找个好环境、好平台。

为了换个活法,李斯辞掉了小吏的工作,跟着荀子学习治理天下的学问。学成后,李斯的眼光和见地与过去大有不同,他意识到楚王不值得侍奉,而其他几国也都快完蛋了,只有西行到秦国去,才能出人头地、建功立业。

到秦国后，李斯成了吕不韦的门客，后来被任命为郎官，有了跟嬴政套近乎的机会。嬴政下逐客令时，李斯赶紧上书劝谏，得到了嬴政的采纳，这也让他步入政治的快车道。此后，他参与到秦国的政治和军事决策中，为秦灭六国出谋划策，嬴政也对他越来越倚重。

秦统一六国后，李斯当上了丞相，迎来了人生的高光时刻。秦始皇的重大举措中，几乎都有李斯贡献的智慧。但他也没忘给自家谋福利——他的儿子娶了秦国宗室的公主，他的女儿嫁给了秦国公子，跟皇家攀上关系，才能更好地维护家族的既得利益。

可到了晚年，李斯的政治选择就让人费解了。秦始皇一死，在赵高的威逼利诱下，李斯参与到"矫诏"事件中，硬生生地逼死了贤明的扶苏，让残暴昏庸的胡亥当上了皇帝。这么一搞，虽然在短时间内保住了自己的位置，但也给秦朝留下了大隐患。

公元前209年，陈胜、吴广率众造反，秦朝陷入动荡之中。李斯等人苦劝胡亥停建阿房宫，减少一些徭役，不料激怒了正在寻欢作乐的胡亥，李斯等人被逮捕入狱。赵高为了独揽大权，更是落井下石，诬陷李斯及其子意图谋反。李斯上书申冤，也被赵高给扣下了。在狱中，李斯忍受不住严刑拷打，只好认罪，最终被判处死刑。

公元前208年，李斯在咸阳市集被腰斩。

在生命的最后时刻，李斯终于悔悟，对儿子说："我多想和你再牵着猎犬，一同出上蔡东门打猎追逐狡兔，可这又怎能办得到呢？！"说完，父子二人泪流满面。这场面，让人看了心疼，也让人感叹：李斯这一辈子，到底是图啥呢？他早年有志向、有才华，晚年因过分追求权势、地位而迷失方向，最终导致个人和国家走向悲惨的结局。李斯的故事提醒我们，在人生的道路上，要时刻保持清醒的头脑，坚守自己的原则和底线，不为权势所惑，不为利益所动。

"指鹿为马"背后的政治博弈

"指鹿为马"这个成语，咱们已经非常熟悉了，大家都爱用它来讽刺那些喜欢颠倒是非、混淆黑白的人。这个成语的背后，可是藏着一出秦朝宫廷的大戏，主角就是那位野心勃勃的赵高和糊涂蛋秦二世胡亥。

那时候，赵高在朝堂上只手遮天，渐渐不把胡亥放在眼里。可他心里不踏实，总想着这满朝文武，到底有多少是真心支持自己的，又有多少是暗藏"反骨"的呢？为了摸清底细，他决定导演一出"指鹿为马"的好戏。

《史记》记载，一天，赵高满脸堆笑地牵来一只鹿，对胡亥说："陛下，您看，这是我特地为您挑选的上等好马，您骑上它绝对威风凛凛！"胡亥虽然糊涂，但马和鹿还是分得清的，便笑着对赵高说："丞相，您这玩笑开得有点大啊，这分明是一只鹿。"

赵高却一本正经地胡说八道："陛下，您再仔细看看，这绝对是一匹好马，不信您可以问大臣们啊。"说完，他板着脸，扫视着群臣，问他们眼前这玩意儿到底是鹿还是马。

大臣们一看这阵仗，心里都犯了难：说假话吧，良心上实在过不去；说真话吧，又怕日后被赵高"穿小鞋"。带着不同的心思，大臣们分成了三拨：一拨人低头沉默，装聋作哑。一拨人为了拍赵高的马屁，昧着良心说："这真是匹千里马啊！"还有一拨人正直勇敢，坚持认为这就是鹿，而不是马。

赵高一看，心里顿时有了数：那些沉默不语和附和自己的，多半是可以拉拢的对象；而那些说真话的，哼，等着瞧吧！事后，赵高果然对那些说真话的大臣下了黑手，不是赶出朝廷，就是无情杀害。而那些沉默和附和的大臣，则成了赵高手中的棋子，任由他摆布。

这出"指鹿为马"的闹剧，不仅让赵高摸清了大臣们的态度，还让他进一步巩固了自己的权势。不过，有人说"指鹿为马"不太像真事，他们的主要依据是西汉陆贾在《新语·辨惑》里的记载：胡亥偶然看见赵高骑着鹿，便好奇地问了一句，赵高随口说自己骑的是马，进而引发了一场"是鹿是马"的争论。朝臣们议论纷纷，一半说是鹿，一半说是马，并没有人因为害怕赵高而保持沉默。

尽管如此，大多数学者还是觉得《史记》里的描述更可靠。这不仅因为司马迁是出了名的严谨和客观，也因为这件事很符合赵高的性格和作风，作为一个地道的野心家，为了测试并清除异己，赵高完全有可能想出这种损招。

历史事件从古传到今，传来传去，版本多得很，这是正常现象。不过不管哪个版本，都反映了秦朝末年政治腐败、权臣当道的乱象，也让我们为大秦的未来捏了一把汗。

秦二世胡亥的末日

在赵高和李斯的密谋下,残暴昏庸的胡亥顺利登基为帝,成了秦二世。他一上台,就对自家的兄弟姐妹下了手,那叫一个斩草除根,绝不留情。后宫没有子女的妃嫔也遭了殃,被他送去殉葬,到地下陪伴秦始皇去了。他又担心有人惦记陵墓里的宝贝,竟下令把造墓的工匠们都封在里面,一个活口都不留。

那些文武大臣,只要敢说一句不顺胡亥心意的话,轻则丢官,重则丢命。蒙恬兄弟、冯去疾、冯劫这些忠臣,一个个都成了他手下的冤魂,就连很多地方官吏也没逃过其毒手。这可把赵高给乐坏了,赶紧把自己的兄弟、女婿都给安插进去,其他重要的职位也被他的"小弟"们占据了。胡亥却只顾着享乐,对赵高的这些小动作没有一点防备之心。

胡亥没什么治理国家的本事,却要向老爸看齐,学着老爸的样子巡游天下。那一路上,赵高没少给他出馊主意,让他把那些不听话的官吏都给"解决"掉。胡亥不管是非黑白,大开杀戒,把大臣们吓得魂飞魄散,生怕自己哪天也会成为刀下亡魂。

胡亥不但把朝堂搞得一团糟,还继续祸害老百姓。他征发大量人手去修阿房宫和秦始皇陵,还从各地调遣士卒来咸阳保卫自己。他自己舍不得出粮草养活这些士卒,而是让各地给咸阳送粮草,运送的人还得自带干粮。他对老百姓征收的各种赋税就更不用说了,简直就是不给大家活路,最终引发了陈胜吴广起义。可胡亥却像鸵鸟一样把头埋在沙子里,只听天下太平的好话,不听实话。等到陈胜的军队逼近咸阳了,他才慌了神,赶紧让章邯带着骊山刑徒出战。开始还打了些胜仗,但很快就被项羽的军队打得落花流水,章邯也投降了。

秦朝已经危在旦夕,胡亥这才如梦初醒,对赵高有了怀疑和不满。赵高早就有篡位的野心,见胡亥不中用了,便和女婿阎乐、弟弟赵成上演了一出"宫廷政变"。阎乐带领1000多人冲进望夷宫,历数胡亥的罪状,逼他自我了结。胡亥还幻想着能活下来,和阎乐商量看能不能做个郡王或万户侯,甚至愿意只做个普通百姓,但都被阎乐拒绝了。胡亥只好自杀。

胡亥当了3年的皇帝，死后以普通老百姓的身份，被葬在杜南（今陕西省西安市西南），连个谥号和庙号都没有。他的悲剧，是对后世君主的警示：只有仁政爱民，国家才能长治久安；要是偏离了正道，即便是再强大的帝国，也会在历史的洪流中土崩瓦解。

"末代秦王"子婴的真实身份

咱们都听过"秦二世而亡"的说法，可秦朝实际上有三位国君，分别是秦始皇、胡亥和子婴。只不过子婴被拥立为秦王后，被去除了"帝"号，改称为"王"，而且他的在位时间短得可怜，只有区区46天，所以在大家心里没啥存在感。

史书上关于子婴的记载还真不多，就连他的身世都不甚明确。《史记》中的记载是"二世之兄子"，也就是说，子婴是秦始皇的孙子、胡亥的侄子。后世的史学家普遍认可这个说法，甚至还说子婴就是扶苏的儿子。

可在《六国年表》里，又出现了"二世兄子婴"的说法，就是说子婴可能是胡亥的某个哥哥。但这种说法站不住脚，试想一下，要是嫡长子扶苏或其他比胡亥年长的皇子还活着，帝位还有胡亥什么事？更何况胡亥还大肆屠杀自己的兄弟们，怎么可能留下活口呢？

也有一种说法称子婴可能是秦始皇的弟弟，依据是《史记》中的这么一句话："乃召始皇弟，授之玺。子婴即位……"但之前也明确说过，秦始皇的亲弟弟只有一位，就是成蟜，而且在秦始皇称帝前就已经去世了。对了，秦始皇还有两个"假兄弟"，就是嫪毐和赵姬所生的儿子，不过早就被秦始皇摔死了，所以这个说法也不靠谱。

那子婴会不会是成蟜的儿子呢？有学者指出，成蟜叛变时，可能把年幼的儿子留在了秦国。只是这个孩子的身份算是胡亥的从兄，不存在争夺皇位的利害关系，所以不在胡亥想要清除的名单里。这个说法似乎有一些道理，但也缺乏确切的证据。

不管子婴到底是何种身份，可以确定的是他是皇室子孙，而且人品还不错。当时，胡亥把蒙恬、蒙毅兄弟二人关起来，准备处死。这时候子婴勇敢地站了出来，大胆进言，请求胡亥不要随便杀害忠臣，也不要再任用那些品行低下的人，否则祸患无穷。但胡亥根本不听，还是派人杀害了蒙恬和蒙毅。

后来，胡亥被赵高逼死了。赵高想趁机篡位，可文臣、武将都不支持他，没办法，他只好迎立子婴。但他也留了个心眼儿，说六国现在都在造反，秦朝已经控制不了华夏大地了，子婴就别当"皇帝"了，当个"王"还凑合。

赵高还让子婴先去斋戒，之后到宗庙去参拜祖先，这样才能完成继位仪式。其实赵高就是想找机会谋害子婴，然后趁机谋权篡位。可子婴并没有他想的那么好欺负，斋戒了5天后，子婴故意装病，不去宗庙。赵高急得跟热锅上的蚂蚁似的，派人去请了好几回，子婴就是不去。最后赵高没办法，只好亲自去斋宫找子婴，结果被子婴安排的宦官韩谈刺杀了。赵高的三族也被诛灭，还在咸阳城中示众。

可就算这样，子婴也没能把秦朝挽救回来。刘邦很快就率领大军打了过来，并派人劝子婴投降。子婴也知道没什么"翻盘"的希望了，便和妻子、儿子们用绳子绑缚自己，坐上白马拉的车，穿着丧服，带着玉玺、兵符等物，向刘邦投降了。不可一世的秦朝啊，就这么灭亡了！

子婴确实不容易，他虽是临危受命，却展现了自己的政治才干，还成功解决了赵高这个祸害。可这时候天下已经乱套了，六国贵族纷纷起来反抗，国家又被胡亥、赵高等人祸害得差不多了，子婴就算有三头六臂，也没办法改变大局，秦朝灭亡只是时间问题。

始皇未死：历史的假设与反思

秦始皇曾有过非常美好的想象："我是始皇帝，我的后代就用数字来排序，二世、三世……一直传下去，直到万世，永远传承没有尽头。"（《资治通鉴》）可现实是残酷的，秦朝才持续了15年。如果秦始皇知道这事儿，估计要气得从陵墓里跳出来，大喊："朕不能接受！"

有人说，这都得怪胡亥太不争气了。那咱们不妨开个脑洞：假如秦始皇没有早早去世，大秦帝国是不是就能长久地延续下去呢？

首先，咱们得承认，秦始皇是位雄才伟略的帝王，实力惊人。他在位时，政治手腕不是一般的高级，各种政治危机对他来说就是小菜一碟，总能轻松应对。他善于用人，手下那些文臣武将一个比一个能干。在他的领导下，群臣会充分施展才华，为大秦帝国的稳定和发展贡献力量。

在军事上，秦始皇更是充满自信。在他的领导下，秦国的军队将继续保持强大的战斗力，对任何可能出现的叛乱和外敌入侵，做到"指哪儿打哪儿"，所向披靡。而且，秦始皇开疆拓土的欲望是停不下来的，他很有可能会继续对外扩张，不断扩大秦国的版图。

在经济上，秦始皇也是一把好手。他会继续任用改革派，推行有利于经济发展的政策，还会加大对基础设施建设的投入，让各地之间的贸易往来更加顺畅。他也会鼓励商业的发展，制定更加合理的税收政策，吸引更多的商人来投资和经商，市场会变得更加繁荣……

这一切听上去是不是挺美好的？可秦王朝真的能够永远长治久安下去吗？答案是不一定。

为啥呢？大家别忘了，秦始皇实行严刑峻法，对老百姓进行残酷的压迫和剥削。统一六国后，他不仅不给百姓喘口气的机会，反而大兴土木，修建长城、阿房宫、秦始皇陵等大工程，这简直就是要把老百姓压榨到极致，老百姓怎么会不反抗呢？

秦朝的官僚制度也是个大问题，权力高度集中在皇帝和他的亲信手中，政治腐败现象严重。官员们可能会利用手中的权力谋取私利，导致政府公信力下降，百姓对政府的信任度降低。而且秦始皇为了成仙，聘用了很多方士，为他寻找神仙、求取仙药。可这些方士其实都是江湖骗子，骗吃、骗喝、骗钱财，老百姓对他们能不反感吗？

还有，秦朝实行高额赋税和繁重徭役，百姓苦不堪言，社会生产力遭到严重破坏，很多人连基本的生活都难以维持。时间长了，大秦帝国的未来还能好到哪里去？

所以，就算秦始皇一直不"下线"，大秦帝国也未必能笑到最后。因为那些深层次的社会问题、政治问题、经济问题等，都不是靠伟大的帝王一个人就能解决的。但咱们也不能把所有问题都怪罪到秦始皇头上，毕竟，他那会儿的各项制度还是"测试版本"，有问题是难免的。

我们不能否认秦始皇的伟大，但历史的车轮滚滚向前，王朝的兴衰更迭并非一人之力所能左右，而是多种因素共同作用的结果。大秦帝国的灭亡，其实是历史的必然。

千古一帝：两千年来的功过评说

秦始皇这位"千古一帝"，虽然早早从历史舞台上谢幕，却给这个世界留下了长久的影响。两千多年来，无数名人称颂他的功绩，也批评他的不足之处。下面咱们就来听听，古人到底是怎么评价始皇帝的。

先来说说正面评价。始皇帝一统六国，那可是"并吞战国，海内为一，功齐三代"的壮举，主父偃（汉武帝时的大臣）这话说得一点都不含糊。司马迁也由衷赞叹道："始皇既立，并兼六国，销锋铸镰，维偃干革，尊号称帝，矜武任力。"瞧瞧这气势，简直就是天崩地坼！李贽（明代官员）更是直接给始皇帝献上了"千古一帝"的"金牌"，还毫不吝啬地褒奖道："祖龙是千古英雄，挣得一个天下。"这评价，堪称至高赞誉。

秦始皇不仅武功赫赫，文治也有一套。《史记》中记载：

"三十七年，兵无所不加，制作政令，施于后王。"意思是，秦始皇在位三十七年，军队无处不在，所到之处都推行了他制定的政策和法令，而那些政策、法令也被后来的皇帝借鉴。张居正（明朝政治家）也点头同意："三代至秦，浑沌之再辟者也。其创制立法，至今守之以为利……"这正是在高度赞美秦朝建立新的制度和法律，就像是混沌世界再次被开辟一样。

不过，在对秦始皇的评价中，也有很多"不好听"的声音。就像说到秦始皇的暴虐时，贾谊（西汉初年文人）马上跳出来开撑："秦王怀贪鄙之心……以暴虐为天下始。"这句话翻译过来就是：秦始皇这家伙，贪心不足蛇吞象，还暴虐成性，简直就是天下的祸害！伍被（西汉术学家）也跟着吐槽："往者秦为无道，残贼天下，杀术士，燔诗书，灭圣迹，弃礼义，任刑法……"看看这秦始皇，把圣贤之道都抛弃了，还烧书杀人，老百姓能不反他吗？

汉武帝时的文臣严安更是细数了秦始皇的诸多罪过："昔秦王意广心逸，欲威海外，使蒙恬将兵以北攻胡……行十余年……苦不聊生，自经于道树，死者相望。"意思是，秦始皇想威震海外，派蒙恬率兵北上攻打匈奴，导致老百姓生活苦不堪言，上吊自杀之人都成堆了。王朗（三国时期曹魏重臣）直接给秦始皇下了个定论："无德之君，不应见祀。"也就是说秦始皇连祭祀都不配，这话说得也太夸张了！

当然，也有一些非常中肯的评价。唐代的李世民作为后来的皇帝，就说了这样一番话："近代平一天下，拓定边方者，惟秦皇、汉武。始皇暴虐，至子而亡。"这话的意思是，能够平定天下、开拓并安定边疆的，只有秦始皇和汉武帝。可秦始皇暴虐无道，导致秦朝传到他的儿子就灭亡了。

说到底，秦始皇是人不是神，有优点也有缺点。这些评价有的中肯，有的偏激，但正是这些评价，让秦始皇的形象更加鲜活、立体。就像现实世界中的某个人，既有光鲜的一面，也有让人吐槽的毛病。毕竟，完美是不存在的，真实才最动人嘛！

我……我竟然……就这样……

始皇帝创下了不朽功业，却在巡游路上走到了生命的尽头。

哈哈，这天下终于是我的了！

君要臣死，臣不得不死！

胡亥在赵高和李斯的扶持下登基，长子扶苏却含冤自尽。

赵高权倾一时，竟敢在朝堂上指鹿为马，试探群臣。

哼，谁敢说这不是马，就是与我为敌！

我大秦江山，就此断送了……

胡亥死后，子婴做了四十六天秦王，最终无奈投降。秦国至此灭亡，一代霸业终成空。